In der Natur überleben

In der Natur überleben

Eine kleine Überlebenshilfe für Anfänger

Das Survivalwissen für den Laien

Zusammengestellt aus dem Wissen der Sondereinheiten

- ✓ Klar
- ✓ Kompetent
- ✓ Verständlich

von

Helmut E. Schwaibold

Bibliografische Information der Deutschen Nationalbibliothek:
Die Deutsche Nationalbibliothek verzeichnet diese Publikation
in der Deutschen Nationalbibliografie;
detaillierte bibliografische Daten sind im Internet über
http://dnb.d-nb.de abrufbar.

© 2010 Helmut E. Schwaibold
Satz, Umschlaggestaltung, Herstellung und Verlag:
Books on Demand GmbH, Norderstedt

ISBN: 978-3-8391-7610-8

Inhalt

Einleitung 7

I. Ein paar wichtige Knoten 11
II. Wasser finden und aufbereiten 19
III. Das Feuer 27
IV. Die Unterkunft 37
V. Ungezieferschutz 43
VI. Vom einfachen Gerät 45
VII. Essbare Pflanzen 53
VIII. Essbare Tiere 61
IX. Orientieren im Gelände 65
X. Marschrichtung festlegen und einhalten,
Menschen auf mich aufmerksam machen 75
XI. Erste Hilfe 81
XII. Grundausrüstung für jede Wanderung 95
XIII. Ein paar wichtige Regeln und Tipps 103

Nachwort 105

Einleitung

Dieses Buch soll dem Laien helfen, in der Natur zu überleben, wenn er durch eine Notsituation gezwungen wird, sich länger als geplant dort aufzuhalten, ohne die heute übliche, in Fachgeschäften erhältliche Ausrüstung zur Verfügung zu haben. Wobei „länger" je nach Witterungs- u./od. Umweltbedingungen schon wenige Stunden sein können.

In den meisten Armeen der Welt, so auch in Deutschland, werden Spezialeinheiten ausgebildet, zu deren Aufgaben es unter anderem auch gehört, ohne besondere Hilfsmittel in der Natur zu überleben. Dies wird in einem speziellen Überlebenstraining geschult und geübt. Ich habe mir Gedanken gemacht, wie ich dieses Wissen dem Laien, der, ohne es zu wollen, durch ein Missgeschick für einen oder zwei Tage in der Natur überleben muss, vermitteln kann, ohne dass es zu umfangreich wird.

Ich habe hier nun das allerwichtigste an Grundwissen zusammengestellt, welches erforderlich ist, um so lange zu überleben, bis Hilfe kommt oder wir den Weg in bewohnte Gegenden wieder gefunden haben. Ein Grundwissen im „Überleben in der Natur" kann von unschätzbarem Wert sein. Gleichgültig, ob der Lagerplatz unter Wasser steht, ob ein plötzlicher Wetterumschwung das Weitergehen unmöglich macht oder sich jemand verletzt hat. Ob es das Errichten eines Unterschlupfes ist, das Aufbauen einer Schlafstätte oder ein Feuer zu entfachen.

Immer sind Grundkenntnisse Voraussetzung dafür. Bewusst habe ich nur das allerwichtigste geschrieben, denn es soll als ein ständiger Begleiter bei Wanderungen dabei sein, um es im Notfall als Anleitung zur Hand zu haben.

Alles, was ich hier beschrieben habe, ist ohne jedes technische Hilfsmittel machbar.

Die Notsituation: Was ist das und wie entsteht sie?

Es gibt viele Gründe, warum Menschen in eine Notsituation geraten können. Aber was ist eine Notsituation? Von einer Notsituation sprechen wir, wenn der Mensch in eine Situation gerät, in welcher ihm für eine bestimmte Zeit alle oder ein Teil der natürlichen und von Menschenhand geschaffenen Hilfsmittel fehlen, die ihm ansonsten im täglichen Leben zur Verfügung stehen und auf die er ständig nach Bedarf zurückgreifen kann. Dies ist von Mensch zu Mensch völlig unterschiedlich. Ein Großstädter in einem Industriestaat würde es z.B. als Notsituation betrachten, wenn er so leben müsste, wie es die Landbevölkerung in einem Entwicklungsland tut und als vollkommen normal betrachtet.

Aber wie entstehen Notsituationen? Alleine darüber könnte man ein Buch schreiben. Hier nur einige Ursachen, wie wir in eine durch die Natur geschaffene Notsituation geraten können:

- Ein Tsunami rollt auf meinen Urlaubsstrand zu.
- In meinem Urlaubsland gerate ich in Waldbrände.
- Bei einer Bergwanderung ein plötzlicher Wetterumschwung.
- Ich habe mich ganz einfach hoffnungslos verirrt.
- Ein Erdbeben unterbricht die Verbindung zur Außenwelt.
- Über Nacht tritt der Fluss über die Ufer, alles ist überschwemmt.
- Ich habe einen Autounfall in entlegener Gegend und natürlich ist der Handy-Akku leer.

Dies sind nur einige der Notsituationen, die uns die Natur bescheren kann. Auch die „Zivilisation" kann uns welche bescheren, aber das ist ein anderes Kapitel. Ich befasse mich hier mit Notsituationen in der Natur.

Wie begegne ich einer Notsituation.
Eigentlich ist diese Frage ganz einfach zu beantworten.
Mit Ruhe, Besonnenheit und Überlebenswille.

Nun hat der Laie, der in eine Notsituation kommt, keine Schulung über die Psyche des Überlebens erhalten.

Kälte, Hunger, Durst, Schlafmangel, vielleicht noch Schmerzen durch eine Verletzung, ein Gefühl der Hilflosigkeit, mit all dem haben wir zu kämpfen. Angst kommt auf, vielleicht Panik. All das ist nicht notwendig. Solange der Mensch atmet kann er hoffen.

Versuch' ruhig zu werden. Dein Verstand und Dein Wille müssen die Emotionen besiegen. **Du willst überleben.**

Wetterschutz, Wasser, Feuer, Nahrung und gegebenenfalls die Notversorgung Verletzter, das braucht der Mensch, um zu überleben. Mit etwas Geschick, diesem Buch und **Übung** ist das bei weitem nicht so schwer, wie es den Anschein hat.

Beachte folgende Vorgehensregeln.

- **Dein Wille** entscheidet über Dein Leben. Ein starker Wille schraubt die psychische Belastbarkeit nach oben.
- Atme erst mehrere male tief durch, überwinde den ersten Schock.
- Akzeptiere die Situation, werde Dir bewusst, Du kannst sie nicht wegwünschen.
- Jetzt versuche, die Situation und Deine Lage zu erfassen.
- Analysiere und beurteile Deine Situation und entscheide Dich je nach Situation für den richtigen Weg und die richtige Reihenfolge.
- Denk immer daran, *DU WILLST ÜBERLEBEN.*

I. Ein paar wichtige Knoten.

Bevor ich nun in den einzelnen Kapiteln beschreibe, wie man in der Natur ohne industrielle Hilfsmittel unbeschadet mehrere Tage überleben kann, wenn man nur den Willen dazu hat, erkläre ich hier noch ein paar wichtige Knoten, die jeder kennen sollte. Sie sind auch im alltäglichen Leben immer wieder anwendbar. Natürlich haben wir in den seltensten Fällen ein Seil dabei, wenn wir in der Natur in eine Notsituation geraten. Wir haben jedoch unbewusst in der Regel mehrere Meter Schnur dabei.

Hier ein paar Beispiele.

- Die Windjacke hat meistens am unteren Bund eine Kordel eingezogen. Länge ca. 1,50 m.
- Die Kapuze der Windjacke hat eine Kordel. Länge ca. 1,20 m.
- Ein Schuhband von Wanderschuhen mit Schaft hat ca. 0,90 m. Zur Not reicht ein Band für zwei Schuhe.

Nun haben wir schon 3,60 m Schnur zusammen und können im Notfall noch Streifen aus dem Unterhemd reißen.

Hier nun die 6 wichtigsten Knoten.

- Der Sackstich.
- Der Überhandknoten 1-fach und doppelt.
- Der Webleinstek od. Achterschlinge.
- Der Fischerknoten.
- Der falsche Weberknoten.
- Der Palstek od. Rettungsschlinge.

Der Sackstich

Den **Sackstich** nach dem Knüpfen kräftig nachziehen. Die Enden in cm nicht kürzer als der Schnurdurchmesser in mm. Bei Bändern nicht kürzer als 3 – 4 fache Bandbreite.
Dieser Knoten ist absolut zuverlässig.

Der Überhandknoten

Der **Überhandknoten** ist der gebräuchlichste überhaupt und den meisten Menschen geläufig. Um den doppelten Überhandknoten zu bekommen, machen wir einfach über den ersten einen zweiten Überhandknoten. Am besten entgegengesetzt dem ersten, so hält er noch besser. Im Allgemeinen genügt der doppelte Überhandknoten, um Dinge sicher festzubinden.

Der Webleinstek

Der **Webleinstek** ist ein überaus zuverlässiger Knoten. Bei Belastung zieht er sich zusammen. Er dient dazu, eine Schnur an einem festen Gegenstand festzumachen.

Der Fischerknoten

falscher Weberknoten

Sowohl der **Fischerknoten** als auch der **falsche Weberknoten** dienen dazu, zwei Schnüre sicher miteinander zu verbinden.

Der Palstek

Mit dem **Palstek** sind wir in der Lage, eine Schlinge zu machen, die sich nicht zuzieht. Ihn habe ich kennen gelernt bei meiner Ausbildung zum Freifallspringer. Er ist absolut zuverlässig.
Alle Knoten müssen nach dem Binden gut festgezogen werden.

Noch etwas zum Verzurren von Schlinggewächsen.

Verwenden wir Schlinggewächse, um etwas fest zu binden, können wir nicht die gebräuchlichen Knoten verwenden, da die Pflanzen einen Knick bekommen, der zu einer Sollbruchstelle führt.

Wir verschlingen und verklemmen sie. Es gibt hierfür keine Faustregel, es kommt auf die gegebene Möglichkeit an. Nachfolgend ein paar Nahaufnahmen von Möglichkeiten.

Der Anfang des Schlinggewächses wird, wie im Bild rechts zu sehen, eingeschlagen und überwickelt.

Das Ende, wie im Bild links zu sehen, wird eingeklemmt und unter die Wicklung geschoben.

Auch hier wird der Anfang überwickelt und das Ende unter die Wicklung geschoben.

Die Enden verschlingen

Hier ein Beispiel beim über Kreuz binden.

II. Wasser finden und aufbereiten.

Wasser finden

Der Zugang zu Trinkwasser ist einer der wichtigsten Faktoren in einer Überlebenssituation. Sehr viel wichtiger als Nahrung. Der Mensch kann mehrere Wochen ohne Nahrung überleben, aber nur wenige Tage ohne Wasser. In gemäßigten Klimazonen benötigt der Mensch ca. 2 bis 3 Liter Flüssigkeit. In Notsituationen kann dies für 1 bis 2 Tage auf 0,5 Liter täglich reduziert werden. Es gibt jedoch viele Möglichkeiten, an Wasser zu kommen:

Wasser aus der Atmosphäre.
• Regenwasser
• Hagel
• Schnee
• Tau

Weiterhin haben wir das Oberflächenwasser
• Seen
• Flüsse
• Bäche

Dann das Untergrundwasser
• Grundwasser
• Quellen

Zum weiteren haben wir noch
• Kondenswasser

Wasser aus der Atmosphäre. Regenwasser, Hagel und Schnee (nach dem Auftauen) kann in aller Regel ohne Aufbereitung getrunken werden.

Wie gewinnen wir es?

a. Voraussetzung ist, dass es regnet, schneit oder hagelt.

b. Alles, was wir an Behältern haben (siehe auch Kapitel „Vom einfachen Gerät"), stellen wir kippgesichert auf. Plastiktüten stülpen wir mit dem Rand über mehrere im Kreis in den Boden gesteckte Stöcke. Der Tütenboden muss aufliegen.

c. Wir graben Wasserlöcher, in denen sich das Regenwasser sammelt. Dieses Wasser müssen wir erst trinkbar machen. Siehe Abschnitt „Wasser aufbereiten".

Der Tau.

a. Wir brauchen ein Tuch, das sehr saugfähig ist. Das können ein Unterhemd, ein Hemd, ein Taschentuch o.ä. sein. Es sollte möglichst wenig Kunstfaser eingewoben sein, da Kunstfaser nicht saugfähig ist.

b. Im Morgengrauen, kurz bevor die Sonne aufgeht, suchen wir eine Wiese oder sonst einen freien Platz mit Gras, Unkraut, Moos oder niedrigem Gebüsch. Hier hat sich der nächtliche Tau niedergeschlagen.

c. Nun streifen wir mit dem Tuch über alles, was feucht glitzert und saugen so den Tau auf.

d. Wenn das Tuch nass genug ist, wringen wir es über einem Behältnis aus. Dies wiederholen wir, bis alle Behältnisse voll sind. Auch dieses Wasser muss aufbereitet werden.

Wasser vom Tau

20

Das Oberflächenwasser.

Ist ein See, ein Teich, ein Fluss oder ein Bach in der Nähe, schöpfen wir dort Wasser. Es ist die einfachste Art der Wassergewinnung. Aber auch dieses Wasser muss aufbereitet werden.

Das Grundwasser.

a. Wir graben mit der Hacke (siehe Kapitel „Vom einfachen Gerät") und einem Stück Baumrinde oder den Händen ein Loch von ca. 30 – 50 cm. Tiefe in die Erde.

b. Nun warten wir, bis sich das Grundwasser in diesem Loch gesammelt hat.

c. Jetzt schöpfen wir das Wasser mit allen Behältnissen, die wir haben, ab. Auch dieses Wasser muss aufbereitet werden.

Achtung: Bevor Du ein Wasserloch gräbst, betrachte die Umgebung genau. Grabe nie in der Nähe von übel riechendem oder schleimig grünem Sumpfwasser. Es ist ungenießbar. Grab auch nie, wenn in der Nähe ein Tierkadaver liegt.

Grundwassergewinnung

Das Quellwasser.

Manchmal stoßen wir beim Graben nach Grundwasser auf eine unterirdische Quelle. Hier graben wir dann noch ca. 30 cm tiefer, um das Quellwasser zu sammeln und verfahren gleich, wie beim Grundwasser.

Das Kondenswasser.

Hier unterscheiden wir zwischen Kondenswasser aus der Erde und das aus Pflanzen. Das Gewinnungsverfahren ist im Prinzip das gleiche.

Kondenswasser aus der Erde.

a. Haben wir eine Plastikplane, nehmen wir diese, wenn nicht, trennen wir unsere Vespertüte an einer Seite und unten auf, um eine Plane zu bekommen.
b. Nun graben wir ein Loch ca. 50 – 70 cm tief. Der Durchmesser sollte so sein, dass die Plane das Loch abdeckt und noch in der Mitte vertieft werden kann (siehe Bild).
c. In die Mitte des Loches stellen wir einen Behälter.
d. Nun breiten wir die Plane über das Loch und beschweren sie ringsum. In der Mitte drücken wir eine Vertiefung in die Plane und legen einen Stein zum Beschweren hinein.
e. Die Luft in dem Loch wird erwärmt. Die Feuchtigkeit der Luft und der Erde verdunstet, setzt sich an der Plane nieder, kondensiert, rinnt an der Plane nach unten und tropft in den Behälter.

Um mehr Kondenswasser zu bekommen, legen wir in die Grube um den Behälter noch saftiges Grünzeug.

Kondenswasser vom Erdreich

Kondenswasser aus Pflanzen.

Kondenswasser vom Busch

a. Wir suchen ein Gebüsch oder einen Laubbaum, dessen Äste noch erreichbar sind. Die Pflanze muss der Sonnenstrahlung ausgesetzt sein.

b. Nun stülpen wir unsere Vespertüte über einen Zweig mit möglichst vielen frischen Blättern und binden ihn oben fest zu. Die Feuchtigkeit in den Blättern verdunstet, setzt sich innen an der Tüte ab, rinnt nach unten und sammelt sich an der tiefsten Stelle als Wasser.

Kondenswasser oder Wasser vom Tau werden immer nur eine Notlösung sein, mit der wir uns solange auf den Beinen halten, bis wir eine ergiebigere „Wasserquelle" gefunden haben.

Die Aufbereitung von Wasser.

Wie wir nun wissen, ist nur das Wasser aus der Atmosphäre ohne Aufbereitung trinkbar, wenn es mit sauberen Behältnissen aufgefangen wird. Alles auf andere Art gewonnene Wasser kann giftige Keime enthalten, die zu schweren Erkrankungen oder gar dem Tod führen können. Deshalb muss dieses Wasser aufbereitet, das heißt, gefiltert und keimfrei gemacht werden. Wasser aus Bächen, Flüssen oder Seen, Grundwasser oder Wasser vom Tau wird immer Keime enthalten und auch verschmutzt sein.

Wasser filtern.

a. Wir nehmen ein Stück nicht zu engmaschigen Stoff, z.B. eine Socke oder ein Unterhemd.

b. Nun bauen wir eine Filteraufhängung (siehe Bild). Wir befestigen unseren „Filter" in der Aufhängung und stellen einen Behälter darunter.

c. Jetzt schütten wir mehrere male das Wasser durch den Filter.
d. Den Stoff müssen wir, bevor wir ihn wieder als Kleidungsstück verwenden, auskochen. Es stecken Keime in ihm, die zu schweren Hautausschlägen führen können.

Nun, nachdem das Wasser optisch sauber ist, müssen wir es keimfrei machen, bevor es trinkbar ist. Das ist ganz einfach, wenn wir Wasserentkeimungstabletten oder einen Entkeimungsfilter mitführen. Aber wer hat das schon in einer nicht vorhergesehenen Notsituation. Es gibt einfachere Methoden.

Wasser durch die Socke gefiltert

Wasser entkeimen.

a. Haben wir Entkeimungstabletten, verwenden wir diese nach Anweisung.
b. Wenn wir Jod bei uns haben, wie in meiner Grundausrüstungs-Liste beschrieben, geben wir 10 – 12 Tropfen auf 1 Liter und lassen es 30 min. einwirken. Das Wasser ist keimfrei.
c. Haben wir gar nichts dabei, wird das Wasser abgekocht.
d. Kochzeit mindestens 10 min. in niedrigen Höhenlagen ü.d.M.
e. In höheren Lagen sollte das Wasser etwas länger kochen, da durch den geringeren Luftdruck die Kochtemperatur etwas niedriger ist.

Hier noch etwas zum Salz.

Neben dem Wasser benötigt unser Körper auch ausreichend Salz. Mit 10 Gramm pro Tag wird der natürliche Verlust durch Ausdunstung und urinieren wieder ausgeglichen. Salzmangel führt zu Müdigkeit, Krankheit, Verwirrung und Muskelkrämpfen. Da wir in der Natur, außer am Meer oder Salzseen, kein Salz zur Verfügung haben, sollten wir immer, auch wenn wir nur eine „harmlose Halbtagstour" vorhaben, Salz bei uns haben.

30 – 50 Gramm Salz fallen nicht in`s Gewicht und brauchen nur sehr wenig Platz. Man löst nur ca. die Menge eines Teelöffels in einem Liter Wasser auf.

Eine andere, unsympathischere und problematischere Lösung wäre, das Blut getöteter Tiere dem Wasser beizumischen. Niemals dürfen wir das pure Meerwasser trinken, wir können es durch kochen verdunsten und die Salzkristalle verwenden.

Die einzige Möglichkeit, in unseren Breitengraden (außer am Meer) an geringe Mengen Salz zu kommen ist das Beimischen von Holzasche in Wasser oder auch pur zu sich nehmen. Besonders die weiße Asche enthält viele Mineralien, u. a. auch etwas Salz.

III. Das Feuer

Sollten wir für mehrere Stunden oder gar einen oder zwei Tage in der Natur verbringen müssen, brauchen wir ein Feuer, da die Nächte oft sehr kühl werden. Morgens vor Sonnenaufgang hat die Nacht ihre niedrigste Temperatur erreicht. Deshalb werden wir hierfür ein Wärmefeuer entfachen.

Die beiden einfachsten Arten sind:
Das **Sternfeuer** und das **Balkenfeuer.**

Vorbereiten der Feuerstelle.

a. Zunächst räumen wir den Platz, an dem wir das Feuer wollen, frei von Laub, Ästen und allem was brennbar ist.
b. Dann machen wir uns auf die Suche nach trockenem Holz. Wir beginnen mit sehr dünnem Reisig, wenn vorhanden Nadelholz, dann dünnes und dickeres Astholz und zum Schluss suchen wir noch dicke Äste und Stammholz. Es kann teilweise etwas feucht sein. Auf dem nun schon gut brennenden Feuer trocknet es schnell.

Feuer entzünden.

Haben wir Streichhölzer oder Feuerzeug, ist es nur wichtig, geeignetes Brennmaterial zu sammeln. Alles, was wir für ein Feuer brauchen, muss vorher gesammelt und vorbereitet sein. Sollten wir weder Streichhölzer noch Feuerzeug haben, gibt es andere Möglichkeiten, ein Feuer zu entzünden.

Möglichkeit 1: Das Brennglas.

Hierzu eignen sich z.B. konvexe Brillengläser, Fotolinsen,

Fernglaslinsen oder der Boden vieler Getränkeflaschen. Auch mit 2 Gläsern von Armbanduhren lässt sich eine Linse machen.

Vorgehensweise.

a. Die meisten Armbanduhren haben ein leicht gewölbtes Zifferglas. Dieses entfernen wir an beiden Uhren.
b. Eines von zwei Gläsern füllen wir innen mit kaltem, sauberem Wasser, so, dass das Wasser über den Glasrand steht. Das geht nur mit kaltem Wasser.
c. Nun legen wir das zweite Glas mit der Innenseite obenauf und halten die zwei Gläser fest zusammen. So entsteht ein Vergrößerungsglas.
d. Dieses halten wir nun zwischen die Sonne und leicht brennbares Material und entzünden dieses.

Im Winter funktioniert diese Methode nicht gut, da die Einstrahlung der Sonne zu schwach ist.

Möglichkeit 2: Feuer bohren.

Der Bogen.

a. Wir suchen uns einen noch frischen Stock, der biegsam, je nach Holz 2 bis 4 cm dick ist und etwa Armlänge hat.
b. Wir nehmen eine Schnur, z.B. Schuhband, die Kordel aus der Windjacke o. ä.. Zur Not geht auch ein gedrillter Stoffstreifen aus dem Hemd.
c. Diese spannen wir am Stock, stramm, von einem Ende zum anderen. Ein strammer Bogen entsteht.

Der Bogen

Die Spindel.

a. Jetzt suchen wir einen ca. 20 - 25 cm langen, geraden, **trockenen** (nicht morschen) Ast ca. 3 cm dick. Er sollte möglichst von der Pappel, Fichte, Weide, Zeder oder Linde sein.

b. An einem Ende „raspeln" wir eine Spitze ca. 50° – 70° an (s. „Vom einfachen Gerät" Fischspeer). Am anderen Ende „raspeln" wir eine leichte Rundung an. Sie muss exakt rund und frei von Ästen sein. Siehe Bild.

Die Spindel

Links der Spindelrohling; Mitte die fertige Spindel mit Führungsspitze und Rundung für die Feuerbrettmulde; Rechts die „Steinraspel".

Das Handstück.

a. Jetzt brauchen wir noch ein kurzes Aststück aus Hartholz, z.B. Eiche oder Buche. Es sollte so groß sein, dass es gut in die Faust passt.
b. Hier bohren wir mit einem spitzen Stein (siehe Foto „vom einfachen Gerät) ein spitz zulaufendes Kegelloch in etwa passend für die Spitze an der Spindel.

Das Handstück mit dem Kegelloch zur Spindelführung

Das Feuerbrett.

a. Nun brauchen wir noch ein Stück **trockenes** Weichholz mindestens 30 - 40 cm lang, ca. 6 cm oder mehr breit und idealerweise ca. 2 cm dick. Hierzu eignet sich bevorzugt Nadelholz, auch ein Ast oder eine Astgabel geht. Besonders gut ist Kiefer oder Fichte. Am besten aus dem gleichen Holz, wie die Spindel.

b. Jetzt bohren wir mit einem geeigneten Stein ca. 1,5 – 2 cm vom Seitenrand entfernt eine Vertiefung, die der Spindelrundung möglichst genau angepasst ist.

c. Nun umwinden wir mit der Schnur des Bogens einmal die Spindel, so, dass sie außen ist, treten mit dem linken Fuß auf das Feuerbrett und knien mit dem rechten Bein nieder. (Siehe Bild Feuer bohren).

d. Die Rundung der Spindel wird nun in die Vertiefung im Feuerbrett gesetzt. Das Handstück nehmen wir in die linke Hand, setzen die leicht abgerundete Spindelspitze in die Vertiefung und geben leichten Druck.

e. Durch Vor.- u. Zurückbewegungen des Bogens bringen wir nun die Spindel in Drehbewegungen und passen so die Vertiefung im Feuerbrett der Spindelrundung an.

f. Jetzt wird mit einem scharfkantigen, gezackten Stein (ein Messer wäre besser) vom Brettrand bis fast zur Mitte der Mulde eine V-Kerbe eingeschnitten (siehe Skizze). Die Breite sollte am Muldenrand nicht mehr als 1/8 des Muldenumfanges betragen. Hier sammelt sich die Holzkohle.

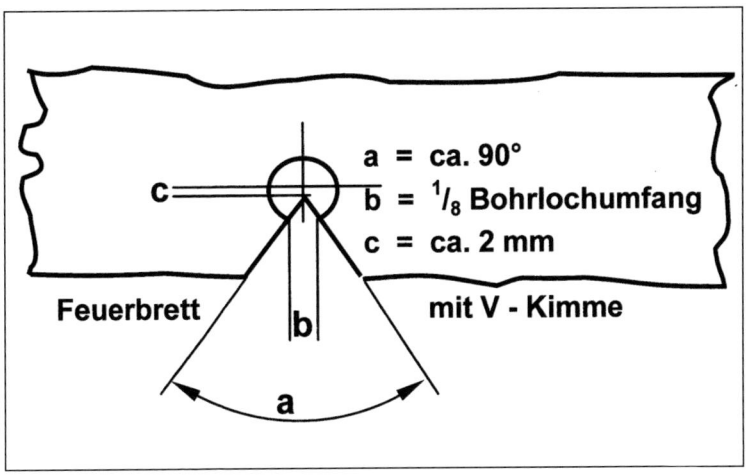

Das Feuerbrett mit V-Kerbe

Der Zunder.

Feuerbrett mit Zundernest

Zunächst sammeln wir Zundermaterial. Z.B. Holzstaub unter morschen Rinden. Trockenes Gras jeder Art. Trockene Kiefernadeln, die wir fransig klopfen. Trockene Baumflechten. Wenn wir trockene Rinde von Bäumen leicht klopfen, können wir die Innenrinde mit einem scharfkantigen Stein leicht abschaben. Flaumige Vogelfedern. Fasern von trockenen Schlinggewächsen und vieles mehr. Eben alles, was schnell und leicht entflammt.

Hier nun zum eigentlichen Feuerbohren.

Die Haltung beim Feuer bohren

a. Wir nehmen eine Hand voll Zunder, verdichten ihn durch zusammendrücken und legen ihn auf den Boden. Bei nassem Boden wird ein Stück Rinde unterlegt.

b. Nun legen wir das Feuerbrett so über den Zunder, dass die V-Kerbe über den Zunder zu liegen kommt.

c. Jetzt gehen wir mit dem rechten Bein auf das Knie und stellen den linken Fuß auf das Feuerbrett, so, dass das Schienbein bis zum Knie genau senkrecht ist. Die Mulde ist ca. 3 – 4 cm rechts vom linken Fuß.

d. Die von der Bogenschnur einmal umschlungene Spindel wird mit der Rundung in die Feuerbrettmulde gesetzt.

e. Mit der linken Hand umfassen wir das Handstück und setzen es mit der Vertiefung auf die leicht abgerundete

Spitze der Spindel. Die Faust wird gegen das Schienbein des linken Beines gedrückt, um die Haltung zu fixieren. Die Spindel muss genau senkrecht zum Feuerbrett in der Vertiefung sitzen.

f. Nun wird der Bogen parallel zum Boden vor- u. rückwärts geführt, so, dass die Spindel in Rotation kommt. Die Reibung erzeugt Holzstaub der sich durch die Reibungswärme erhitzt und sich im V-Ausschnitt sammelt.

g. Hat sich genug rauchende Holzkohle im V-Ausschnitt gesammelt, klappen wir den Zunder über den V-Ausschnitt und beginnen vorsichtig durch den Zunder auf die Holzkohle zu blasen. Wenn wir die Glut durch den Zunder sehen können, blasen wir etwas stärker, bis der Zunder entflammt.

Holzkohle zur Glut blasen   *Der Zunder entflammt*

Feuer bohren erfordert Geschick, viel Übung und Geduld. Ich empfehle jedem, dies zu Hause im Garten zu üben. Holt euch zunächst aus dem Baumarkt das Material -Hanf ist sehr gut als Zunder- und übt. Wenn es da klappt, dann holt das Material aus dem Wald.

Feuerunterhalt.

Am besten lässt man ein Feuer nie ausgehen, sondern achtet darauf, dass immer ein Rest Glut bleibt. Mit trockenem Holz, das man klein knickt, bringt man auch mit wenig Glut ein Feuer wieder groß.

Das Sternfeuer.

Wenn wir nun eine kleine Flamme entfacht haben und das dünne Holz gut brennt, legen wir die dickeren, trockenen Äste kreuzweise auf (siehe Bild), brennen diese gut, kann stärkeres Holz aufgelegt werden. Es kann nun mitunter auch etwas feuchtes Holz darunter sein, es wird in der Flamme trocknen. Es ist sinnvoll, um das Feuer größere Steine zu legen, um es am Ausbreiten zu hindern.

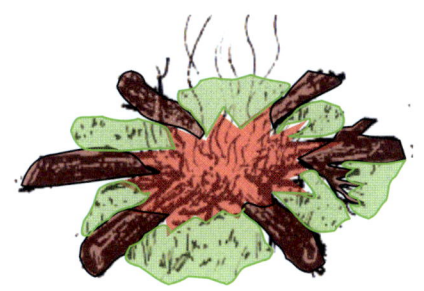

Das Balkenfeuer.

Das Balkenfeuer, welches sich vor einem Wetterschutz oder einer Laubhütte als Wärmespender besonders eignet, bauen wir wie folgt auf.

Vorgehensweise.

a. Wir suchen uns drei trockene Stammstücke, nicht länger als ca. 80 cm.

b. Mit einem größeren, scharfkantigen Stein oder einem Messer -falls vorhanden- wird die Oberfläche der Stämme aufgehackt.

c. Zwischen vier in die Erde geschlagene Pflöcke werden sie nun, mit den angehackten Flächen zueinander, aufeinandergelegt (siehe Bild).

d. Zwischen die Stämme werden 2 – 3 cm dicke Keile, z.B. Steine geklemmt, so, dass ein Spalt entsteht.

e. In diese Spalten wird nun durch Glut vom Sternfeuer ein Feuer entzündet. Das glosende Feuer frisst langsam das Holz auf und gibt eine lang anhaltende Wärme.

Zur Außenseite des Balkenfeuers können wir noch in entsprechendem Abstand dichte Zweige in den Boden stecken oder ein Tuch aufspannen, damit mehr von der Wärme in die Unterkunft kommt. Da wir die Öffnung unseres Wetterschutzes immer gegenüber der Wetterseite haben, zieht der Rauch immer weg von der Öffnung.

IV. Die Unterkunft

Wie wir im Kapitel "Erste Hilfe" lesen, müssen wir Verletzte trocken halten. Möglicherweise sind wir auch über Nacht draußen. Um uns gegen Wind und Regen zu schützen, bauen wir einen Wetterschutz. Eine Möglichkeit, sich schnell einen Schutz zu bauen, ist der provisorische Wetterschutz aus 4 jungen Nadelbäumen.

Der provisorische Wetterschutz .

Hier die Vorgehensweise.

a. Wir suchen uns vier junge Nadelbäume (ca. 3 – 4 m hoch) aus, die ein Rechteck bilden und einen Abstand von 2 – 3 m zueinander haben.
b. Die Spitzen dieser 4 Bäume ziehen wir nach innen und binden sie zusammen. Sie dürfen sich ruhig überkreuzen.
c. Nun entfernen wir alle Äste, die nach innen in das gedachte Rechteck wachsen, bis auf eine Höhe von ca. 1,5 m. So schaffen wir einen Innenraum.
d. Die abgebrochenen Äste und wenn erforderlich weitere werden nun von außen wie beim Wetterschutz von unten nach oben überlappend zwischen die angewachsenen Äste gedrückt und mit ihnen verankert.

Der Wetterschutz.

Dabei gehen wir folgendermaßen vor.

a. Wir suchen 2 Bäume aus, die einen Abstand von 2 – 3 m haben.
b. In einer Höhe von ca. 1,5 - 2 m legen wir, soweit vorhanden, je eine Stange in je eine Astgabel der Bäume, so, dass

sie in einem Winkel von ca. 40° – 45° zu Boden führen, oben quer legen wir eine Trägerstange. Wenn keine Astgabel vorhanden, binden wir sie mit Efeutrieben, mit einem scharfkantigen Stein entstachelten Brombeertrieben, Waldgeißblatttrieben, Trieben der Ackerwinde o.ä. an den Stämmen fest. Sollten keine geeigneten Bäume vorhanden sein, stecken wir zwei Äste mit je einer Gabelung oben in die Erde.

c. Nun suchen wir Äste mit Seitentrieben, die wir so abbrechen, dass noch ca. 8 – 12 cm am Hauptast verbleiben. Diese legen wir in gleicher Schräge und einem Abstand von etwa 50 cm mit dem Seitentriebwuchs nach oben längs gegen die Trägerstange und drücken sie zur Fixierung unten etwas in die Erde.

Mit einem scharfkantigen Stein wird der Trieb entstachelt

Verschnürung u. Gabelstütze

d. Jetzt legen wir Äste, von deren Seitentrieben wir ebenfalls etwas stehen lassen, quer auf die Längsträger, wobei die Seitentriebreste als Verankerung dienen. Die Astlänge und Form ist dabei unerheblich, es muss nur gewährleistet sein, dass das „Dach" flächendeckend mit Querästen im Abstand von nicht mehr als ca. 30 cm bedeckt ist.

e. Dieses „Gerüst" bedecken wir, unten beginnend nach oben überlappend, dick mit Nadel – od. Laubästen. Die Seitentriebreste dienen als Verankerung. Jetzt suchen wir als Zwischenlage alles, was abdichtet. Moos, Seegras, Baumrinde, Farne u.s.w. und dichten das Dach ab. Zum Schluss noch eine gute Lage Nadel – od. Laubäste als Gewicht, und das Dach ist dicht.

*Gerippe für den Windschutz
zur Hälfte abgedeckt*

Wichtig: Die Öffnung eines Wetterschutzes oder einer Laubhütte sollte immer nach der wind.-u. wetterabgewandten Seite
zeigen. In unseren Breitengraden ist die Wetterseite in der Regel
West bis Nord-West. (Siehe „Orientieren im Gelände").

Sollte die Unterkunft für 2 Personen sein oder einen besse-
ren Schutz bieten, bauen wir den Windschutz zur Laubhütte
aus.

Die Laubhütte.

**Sie ist nur eine relativ geringe Mehrarbeit. Wir gehen dabei
wie folgt vor.**

a. Wir bauen einen Wetterschutz wie beschrieben.
b. Nun wird die offene Seite ebenso mit Senkrecht- u. Quer-
   stangen versehen und abgedeckt.
c. Um die Rückseite der Hütte zu schließen, legen wir von einem zum anderen hinteren Längsträger Äste, die wir dicht
   mit Reisig oder Laubästen behängen.

Die Wohnhöhle.

In manchen Gebieten, besonders in den Kalkalpen, findet man
oft Höhlen, die sich als Unterschlupf sehr gut eignen. Sollten
wir eine solche Höhle finden, die trocken ist, müssen wir auf
folgendes achten.

a. Mindestens ein Teil der Wohnhöhle muss außerhalb der
   Zugluft liegen, die oft in solchen Höhlen herrscht.
b. Mit Laub, Ästen, Steinen, Erde und ähnlichem bauen wir
   für die Schlafstelle einen zusätzlichen Schutz gegen Zugluft.

Ist der Wetterschutz, die Laubhütte oder die Höhle fertig, so richten wir uns ein Lager her.

Das Lager.

Hierbei ist folgendes zu beachten.

a. Zunächst wird der Platz in der Unterkunft von größeren Steinen und Ästen gesäubert.
b. Nun legt man stärkere belaubte oder benadelte Äste mit den Enden im spitzen Winkel gegen- u. übereinander.
c. Auf diese federnde Unterlage kommt eine stärkere Schicht kleinere, dünnere Äste. Darauf legen wir Moos, Laub, Seegras oder ähnliches.
d. Ganz oben gibt eine Schicht Wurmfarn oder Rainfarn, soweit vorhanden, ein weiches, bequemes Lager und schützt vor Ungeziefer (siehe „Ungezieferschutz").

Der Wurmfarn

Der Rainfarn

Das Lager mit Reisig u. Wurmfarn

Besonders geeignet für das Dach zwischen das Reisig

An der offenen Seite des Windschutzes, bzw. der Öffnung der Laubhütte oder der Höhle machen wir ein Wärmefeuer (siehe Kapitel „Das Feuer"). Da die Öffnung gegenüber der Wetterseite ist, zieht der Rauch vom Lager weg.

V. Ungezieferschutz.

Es ist kaum vermeidbar, mit Ungeziefer in Berührung zu kommen, wenn man sich in der Natur aufhält. Es gibt dort Flöhe, Wanzen, Läuse oder Zecken, um die schlimmsten zu nennen.

Hier ein paar Grundsätze.

a. Immer Kleidung mit langen Ärmeln tragen. Sollte unser Wanderhemd kurzärmlig sein, ziehen wir den Wetterschutz über.
b. Die Kleidungsstücke immer geschlossen tragen.
c. Die Socken oder Kniestrümpfe ziehen wir über die Hose. Zecken halten sich besonders im Unterholz und Gräsern auf. Am besten, wir binden noch eine Schnur o.ä. darum.
d. Den Körper, besonders Arme, Kniekehlen, Hals, Kopf und die Kleidung immer wieder nach Ungeziefer, besonders Zecken absuchen. Sie sind winzig klein und krabbeln auf dem Körper und der Kleidung herum, um eine Einstichstelle zu suchen. Sie bevorzugen dünne, warme Hautstellen.

Haben wir einen Verletzten auf seinem Lager oder wir verbringen eine Nacht draußen, tun wir gut daran, folgendes zu beachten.

a. Das Lager dick mit Wurmfarn u./od. Rainfarn belegen (siehe Fotos im Kapitel „Die Unterkunft"), er schützt uns vor Flöhen, Zecken und vielem anderen Ungeziefer. Er wächst überall in Wäldern, an Waldrändern, Lichtungen, Geröllhalden, Dämmen, Bachufern. Er ist in Mitteleuropa überall verbreitet. Liebt sonnige Plätze.
b. Wenn wir des Nachts aufwachen, nutzen wir dies, um uns nach Ungeziefer abzusuchen. Dabei legen wir am besten gleich Holz auf's Feuer, dann sehen wir besser.

VI. Vom einfachen Gerät.

Mit Hilfe eines Messers können wir unter anderem eine Reihe von Gerätschaften herstellen. Aber auch ohne Messer haben wir die Möglichkeit, notdürftig Hilfsgegenstände zu fertigen. Wenn wir in der Natur auf uns selber angewiesen sind, ist es sehr wichtig, die Augen auch für Details offen zu halten. Auch aus Schlinggewächsen und Ästen lässt sich das eine oder andere herstellen.

Wollen wir Wasser abkochen, um es trinkbar zu machen oder Wildpflanzen darin zu kochen, brauchen wir ein geeignetes Gefäß. Thermos- Plastik- od. Feldflaschen aus Plastik sind dazu nicht geeignet. Also fertigen wir uns einen Topf aus Lehm, wozu wir vorher eventuell eine Humusschicht entfernen müssen. Dazu brauchen wir eine Hacke.

1. Die Hacke.
Sie ist sehr einfach aus einem geeigneten Ast herzustellen.

Wir stellen sie folgendermaßen her.

a. Wir suchen einen ca. 1,5 – 2 m langen Ast oder dünnen Stamm, möglichst frisches Holz, der unten einen Seitenast hat, welcher in einem Winkel von ca. 50° – 80° absteht.

b. Den Seitenast brechen wir nun nach außen, also vom Hauptast oder Stamm weg, so ab, dass noch ca. 15 – 20 cm stehen bleiben. Dies wird keine glatte Bruchstelle geben. Spätestens nach der Hälfte des Bruches wird der Ast Richtung Stamm oder Hauptast in Faserrichtung anfangen zu schlitzen.

c. Wir ziehen nun den Ast einfach in Richtung des geringsten Widerstandes ab. So bekommen wir keine komplett stumpfe Hacke, sondern sie hat eine gewisse „Schneide".

Die Hacke

2. Die Lehmschüssel.

Lehm finden wir fast überall in unseren Breitengraten. Wo Wasser in den Pfützen stehen bleibt, ist Lehm. Man muss manchmal erst die Humusschicht weggraben. In vielen Flussläufen findet man Lehm.

Es gibt den weißlichen und den bräunlichen Lehm. Beide sind geeignet.

Und so gehen wir vor.

a. Zunächst suchen wir die Umgebung und eventuell vorhandene Bach- od. Teichufer (meist unter der Wasseroberfläche) ab.
b. Bei Erfolglosigkeit graben wir mit einem Stück Baumrinde oder einem stabilen Stock ein Loch. Bald werden wir auf Lehm oder stark lehmhaltigen Boden stoßen.
c. Wir sammeln davon ca. 3 – 4 kg und reinigen ihn von größeren Steinen (mehr als ca. 5 mm Durchmesser) und sonstigen Unreinheiten.
d. Wir mischen ihn soweit mit Wasser, dass er sich wie Brotteig kneten lässt.
e. Nun formen wir aus einem Viertel davon eine runde Scheibe, sie sollte 2 – 3 cm dick sein.

f. Jetzt rollen wir aus der Restmasse zwischen den Händen lange Würste mit ca. 2 cm Durchmesser.

g. Auf der Scheibe am Rand entlang bauen wir nun die Seitenwand auf, indem wir die Würste schneckenartig nach oben legen.

h. Wenn wir die gewünschte Höhe erreicht haben, streichen wir den oberen Rand und die Seiten innen und außen mit nassen Händen glatt.

i. Nachdem der Topf trocken ist, am besten mehrere Stunden neben dem Feuer trocknen, stellen wir ihn ca. 2 Stunden in die Glut zum brennen. Dabei ist zu beachten, dass er auf einer ebenen Glutfläche steht und immer gut von Glut umgeben ist. Wir „graben" ihn frei und holen ihn vorsichtig mit Stöcken aus dem Feuer zum **langsamen** Abkühlen. Fertig ist der Topf. Eine Größe von 12 cm Innendurchmesser und 10 cm Höhe reicht für mehr als einen Liter Wasser.

Angefangener Topf   *Topf fertig geformt*

Topf beim brennen   *Topf fertig gebrannt*

3. Der Fischspeer.

Sollte ein Gewässer mit Fischen nicht weit entfernt sein und der Hunger plagt uns, haben wir die Möglichkeit, mit einem Fischspeer einen davon zu fangen.

Ein Fischspeer wird wie folgt gefertigt.

a. Zunächst suchen wir einen möglichst geraden Stock, am dicken Ende etwa 4 – 5 cm dick. Wenn wir kein Messer haben, sollte es ein trockener Stock sein, um eine relativ saubere Bruchstelle zu bekommen.

b. Nun suchen wir 5 trockene, möglichst gerade Ästchen ca. 5 bis 7 mm dick und etwa 25 cm lang, (Nadelholz eignet sich sehr gut) und machen die Rinde ab. Dies geht meist mit den Fingern.

c. Als nächsten Schritt suchen wir einen Stein, der eine raue Oberfläche hat. Dies sind in der Regel gebrochene Steine, die an der Bruchstelle rau sind.

d. Jetzt spitzen wir die Ästchen an einer Seite an, indem wir sie im entsprechenden Winkel mit etwas Druck über die raue Steinfläche schieben und ziehen. Der Stein wirkt wie eine Raspel (siehe Bild).

48

Stock, Stäbchen, Brombeertrieb.

Stäbchen anspitzen

e. Nun brauchen wir noch einen stabilen, aber elastischen Trieb von der Brombeere, vom Efeu, dem wilden Hopfen, dem wilden Wein o.ä.. Bei der Brombeere machen wir die Dorne ab, wie im Kapitel „Schnüre und Knoten" beschrieben.

f. Dann reihen wir die 5 spitzen Ästchen gleichmäßig so um das dickere Ende des Stockes, dass die Spitzen nach oben etwa 12 cm über das Astende hinaus stehen. Den Anfang des Triebes klemmen wir am oberen Ende des Stockes zwischen Stock und eine Spitze und legen dann die ersten ca. 5 cm. parallel zum Stock nach unten. Jetzt winden wir den Trieb, seitlich aneinander anliegend, stramm um den Stock mit Ästchen nach unten. Dies sollte mindestens 10x sein, bei dünneren Trieben auch mehr. Das Triebende klemmen wir zwischen Stock und Ende eines Spitzästchens. Der Fischspeer ist fertig.

Spitzen halten, Anbindung ansetzen

Der Fischspeer komplett

Die Anbindung der Spitzen
Ende   Anfang

Raspelstein   Bohrer   Hammer

Bohrer

Bohrer &
Messer   Messer- &
                                Feinraspel

Raspel- &
Rundbohrer

Noch ein paar nützliche Steine

Dies sind nur ein paar Beispiele nützlicher Steine. Die Natur bietet uns alles, was wir an Werkzeug brauchen. Wir müssen es nur anzuwenden wissen.

VII.Essbare Pflanzen

Sollten wir bei einer Wandertour in eine Notsituation geraten und haben noch etwas von dem übrig, was wir als Vesper für unterwegs mitgenommen haben, haushalten wir damit. Der Mensch kann ohne Gesundheitsschäden zwei Wochen ohne Nahrung auskommen. Jedoch stellt sich oft nach einem Tag ein starkes Hungergefühl ein, was im weiteren Verlauf zu Übelkeit und Magenkrämpfen führen kann. Dies führt dann zu starkem Leistungsabfall. Durch zeitweise Zuführung von nur wenig Nahrung kann dies vermieden werden.

Die Natur bietet uns zwar eine Fülle von essbaren Wildpflanzen an, in unseren Breitengraden weit über hundert, das Sammeln und Aufbereiten dieser Pflanzen, damit sie genießbar sind, ist jedoch zeitaufwändig. Wir sollten in einer Notsituation unsere Zeit in wichtigere Dinge investieren.

Quält uns der Hunger jedoch zu sehr, habe ich in der Folge ein paar der bekanntesten essbaren Pflanzen, ihre Erntezeit (siehe Erntetabelle) und ihre einfachste Zubereitung aufgeführt.

Achtung: Alle Wildpflanzen, die wir sammeln, müssen vor dem Verzehr mindestens 15 min. in kochendem Wasser gegart werden, um alle Bakterien abzutöten.

Die Brunnenkresse.

Ihr Vorkommen: An langsam fließenden Bächen und Flüssen, auch Quellen und Gräben mit reinem Wasser.

Verwendung: Man kann sie nach dem Garen im kochenden Wasser als Gemüse verzehren.

Die Brennnessel.

Ihr Vorkommen: Fast überall.

Verwendung: Die jungen Triebspitzen und die jungen Blätter werden zu Gemüse gekocht.

Das Gänseblümchen.

Ihr Vorkommen: Es ist überall verbreitet.

Verwendung: Die jungen Blattrosetten werden dicht über dem Boden abgeschnitten und zu Gemüse gekocht. Auch die jungen Blüten kann man dazu geben.

Der Löwenzahn.

Sein Vorkommen: Überall auf Wiesen und sonstigen grasigen Flächen.

Verwendung: Die jungen Blätter werden zu Gemüse gekocht, auch die gereinigten und klein geschnittenen Wurzeln werden dazugegeben.

Der Sauerklee.

Sein Vorkommen: In Misch- u. Nadelwäldern.
Verwendung: Blätter und Wurzeln zu Gemüse kochen.

Der Sauerampfer

Sein Vorkommen: Auf Wiesen, grasigen Plätzen und in lichten Wäldern.
Verwendung: Die Blätter werden zu Gemüse gekocht.

Der Spitzwegerich.

Sein Vorkommen: Trockene Wiesen, Hänge, Brachland, Raine, Wegränder, fast überall.
Verwendung: Die Blätter werden zu Gemüse gekocht. Am Besten mit anderen Pflanzen zusammen, da er sehr herb schmeckt.

Himbeere Heidelbeere Brombeere Haselnuss.

Die Himbeere　　　　　*Die Heidelbeere*

Die Brombeere   *Die Haselnuss*
                          in reifem Zustand braun

Auch Beeren müssen wir vor dem Verzehr mindestens 10 min. kochen. Nüsse können nach dem Entfernen der Schale roh gegessen werden. Im schlimmsten Fall befindet sich mal ein Wurm drin, er ist gesund, er enthält viel Eiweiß.

Grundsätzlich sollten wir nur Pflanzen essen, von denen wir sicher sind, dass sie essbar sind.

In der folgenden Erntetabelle sind die fetten Linien die Hauptsammelzeiten und die fetten Punkte zeigen die örtlich und klimatisch bedingten Abweichungen an, wobei nur Freilandkultur berücksichtigt wurde – nicht Topfzucht im Winter.
(Bl. = Blätter, Wu. = Wurzel).

Erntetabelle

Name	Jan.	Febr.	März	April	Mai	Juni	Juli	Aug.	Sept.	Okt.	Nov.	Dez.
Brunnenkresse	●	●	●	●	●	●	●	●	●	●	●	●
Brennessel		●	●	●	●	●						
Gänseblümchen		●	●	●	●	●	●	●	●	●	●	●
Löwenzahn Bl.		●	●	●	●	●						
Löwenzahn Wu.		●	●	●								
Sauerklee			●			●		●			●	
Sauerampfer		●	●	●	●	●				●		●
Spitzwegerich		●	●	●	●	●	●			●		●
Himbeere							●	●	●	●		
Heidelbeere						●	●	●	●	●	●	
Brombeere								●			●	
Haselnuss									●			●

Erntetabelle

VIII. Essbare Tiere

Es gibt viele Möglichkeiten, Tiere zu fangen oder zu jagen. Da der Mensch jedoch, wie im Kapitel „Essbare Pflanzen" erwähnt, problemlos 2 Wochen ohne Nahrung auskommt, werde ich hier nur wenige Tiere, die leicht zu fangen sind, erwähnen.

Das sind

- Schnecken mit und ohne Gehäuse
- Würmer
- Grillen u. Grashüpfer
- Frösche
- Fische
- Als noch nicht Tiere: Vogeleier

Achtung: **Finger weg von besonders grell gefärbten Tieren, sie könnten giftig sein.**

Alle diese Tiere, auch die Vogeleier, müssen mindestens 10 min. gekocht werden, um eventuelle Keime abzutöten.

Die Schnecke.

a. Man sammelt sie am besten früh morgens. Schnecken ohne Gehäuse machen weniger Arbeit.
b. Nun lassen wir sie 24 Std. in einem abgedeckten Behältnis, damit sie alte Giftstoffe ausscheiden.
c. Jetzt legen wir sie in Wasser, bis sich die Schleimhaut löst.
d. Danach wird sie in kochendes Wasser geworfen und mindestens 10 min. gekocht.
e. Man kann, muss aber nicht, die hintere Hälfte abtrennen, denn dort befinden sich ihre Eingeweide.

f. Schnecken mit Gehäuse haben ihre Eingeweide im Gehäuse, man entfernt es zusammen mit ihm.

Die Würmer.

Sie sind außergewöhnlich reich an Eiweiß.

a. Wir finden sie in feuchtem Erdreich, das wir zerkrümeln.
b. Zum Säubern lassen wir sie 24 Std. hungern oder man quetscht sie wie eine Salbentube von oben nach unten aus.
c. Auch sie werden mindestens 10 min. gekocht.
d. Man kann sie dann auch auf einem heißen Stein trocknen, in Pulver zerreiben und dies anderen Speisen zugeben.

Grillen u. Grashüpfer.

a. Wir erschlagen sie mit einer belaubten Rute.
b. Fühler, Flügel und Beine werden entfernt.
c. Der Rest wird 10 min. gekocht.

Die Frösche.

a. Wir finden sie in Feuchtgegenden, an Teichen, eben überall, wo Wasser oder Feuchtigkeit ist.
b. Ein Schlag mit einem Stock auf den Kopf tötet sie.
c. Wir verwenden nur die Hinterschenkel.
d. Sie werden ebenfalls mindestens 10 min. gekocht, man kann sie anschließend grillen.

Der Fisch.

Nicht alle Fische, die in unseren Breitengraden vorkommen, sind besonders schmackhaft, aber alle essbar, auch die kleinen.

Ihr Fleisch ist nur kurze Zeit haltbar. **Fischfleisch niemals roh essen.**

Fischfang mit dem Fischspeer. (Siehe „Vom einfachen Gerät")

a. Zunächst wägen wir in der Hand die Gewichtsmitte des Speeres aus.

b. Jetzt halten wir ihn eine Handbreit hinter der Gewichts - mitte. (Ich hab damit gute Erfahrungen gemacht).

c. Nun nähern wir uns dem Wasser langsam und ruhig und achten darauf, dass unser Schatten nie auf das Wasser fällt. Der Fisch bemerkt das und weicht aus.

d. Wir warten regungslos, am besten im Sitzen, bis ein Fisch in Speerstoßweite kommt. Das Vorderteil des Speeres legen wir in die Handmulde der anderen Hand als Richtungs- fixierung.

e. Um den Fisch mit dem Speer zu treffen, müssen wir eines wissen: Das Licht der Sonne bricht sich im Wasser, d.h. der Fisch erscheint höher, als er ist.

f. Um nun den Fisch zu speeren, halten wir eine Fischhöhe unter den Fisch (Faustregel).

g. Wir stoßen blitzschnell zu, ziehen dann aber nicht sofort zurück (wir haben keine Widerhaken), sondern heben den Fisch nach vorne oben heraus wie Heu mit der Heugabel.

h. Durch einen kräftigen Schlag mit einem dicken Stock auf den Kopf töten wir ihn.

Fisch zubereiten.

a. Mit einem Lappen, um nicht abzurutschen, nehmen wir den Fisch am Schwanz und schaben mit einem scharfkan- tigen Stein Richtung Kopf die Schuppen ab.

b. Nun greifen wir vom Kopf her von unten mit Zeige- u.

Mittelfinger in die Kiemen und drücken den Kopf mit der Handfläche nach oben, so bricht das Genick.

c. Der Kopf wird abgerissen und der Fisch am Bauch vom After nach oben mit einem scharfkantigen Stein aufgeschlitzt.

d. Jetzt können wir mit den Fingern die Innereien herausschaben.

e. Nun wird der Fisch mindestens 10 min. gekocht. Man kann ihn dann hinterher noch grillen.

Die Vogeleier.

Da unsere heimischen Vögel zu verschiedenen Zeiten Eier legen und brüten, stehen uns bis Juni Vogeleier zur Verfügung.

a. Wir beobachten die Vögel genau, wo sie hinfliegen. Vor allem, wenn sie etwas im Schnabel haben. So erfahren wir ihren Nistplatz, der bei weitem nicht immer in einem Baum sein muss.

b. Nun brauchen wir nur noch in den Nestern nachsehen, ob Eier drin liegen.

c. **Achtung:** Auch Vogeleier müssen mindestens 10 min. gekocht werden.

IX. Orientieren im Gelände

Wir haben uns verlaufen, haben keine Ahnung, wo wir sind. Einen Kompass haben wir nicht. Natürlich auch kein GPS. Es gibt auch ohne diese Hilfsmittel Möglichkeiten, sich zu orientieren. Teilen wir das Kapitel in 4 Schritte auf.

- Himmelsrichtung feststellen
- Uhrzeit ohne Uhr feststellen
- Geplante Marschrichtung einhalten
- Menschen auf uns aufmerksam zu machen

Um die Himmelsrichtung ohne Kompass festzustellen, gibt es verschiedene Möglichkeiten. Am einfachsten geht es mit einer Analoguhr.

Und so gehen wir vor.

a. Wir suchen uns einen Strohhalm oder ähnliches, es muss dünn und gerade sein.
b. Nun halten wir die Uhr vor unseren Körper mit dem kleinen Zeiger von uns weg.
c. Jetzt drehen wir uns so lange, bis der kleine Zeiger genau zur Sonne zeigt.
d. Nun wird der Winkel zwischen dem kleinen Zeiger und der 12 am Vormittag rechts vom Zeiger und am Nachmittag links vom Zeiger und der 12 mit Hilfe des Halmes halbiert **(Immer der kleinere Winkel)**.
e. Der Halm zeigt nun genau nach Süden.

Achtung: Sollten wir Sommerzeit eingestellt haben, müssen wir die Uhr erst eine Stunde zurück stellen.

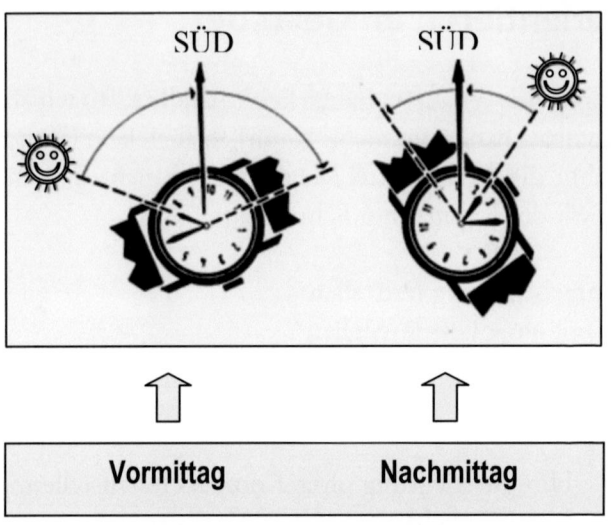

SÜD   SÜD

Vormittag	**Nachmittag**

Himmelsrichtung mit Analoguhr

Auch mit einer Digitaluhr können wir die Himmelsrichtung feststellen.

Das geht dann so.

a. Bei Normalzeit, also Winterzeit steht die Sonne um 12 Uhr genau im Süden.

b. Die Sonne wandert in 24 Stunden 360°, also pro Stunde 15°.

c. Jetzt lesen wir die Uhrzeit ab. Es ist allerdings sinnvoll, eine volle Stunde abzuwarten. Die Uhr zeigt z.B. 13°° Uhr.

d. Wir nehmen einen geraden Stock und legen ihn so zu Boden, dass er eine Linie zur Sonne bildet.

e. Nun legen wir einen zweiten Stock im 90° Winkel (geschätzt) auf den ersten.

f. Da die Sonne 1 Stunde, also 15° nach 12 Uhr steht, können wir jetzt mit Hilfe der vier 90° Winkel sehr gut von

der Stockspitze, die zur Sonne zeigt, geschätzte 15° zurück-
gehen und haben Süden.

Sonne

Schatten des Stockes   *auf den Schatten gelegter Stock*

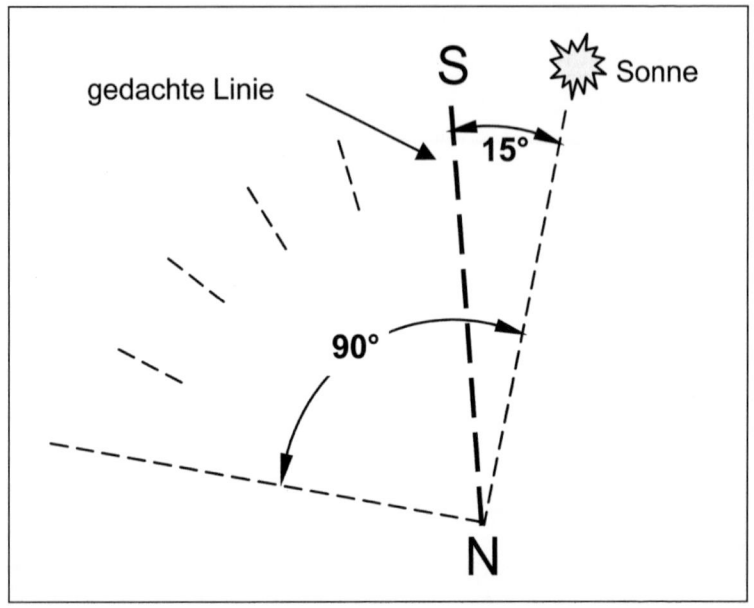

Hauptstock zeigt auf „Sonne"

Himmelsrichtung feststellen durch Uhrzeit in Grad umrechnen. Siehe Punkt f.

Himmelsrichtung bei Bewölkung

Auch bei bewölktem Himmel, wenn die Sonne nur noch ganz schwach-diffus sichtbar ist, ist es möglich, eine Gerade genau in Richtung Sonne zu bekommen.

Vorgehensweise.

a. Wir stecken einen geraden Stock senkrecht in die Erde. Der Stock wird noch einen schwachen Schatten werfen.
b. Durch eine weiße Unterlage (z.B. Unterhemd) wird der Schatten gut sichtbar. (Siehe Bild „Schatten des Stockes")

c. Nun verfahren wir wie bei Sonnenschein.

Hier noch eine weitere Möglichkeit.

Freistehende, vor allem ältere Bäume haben immer an der Wetterseite, und das ist in unseren Breitengraden Westen, einen Moosbewuchs.

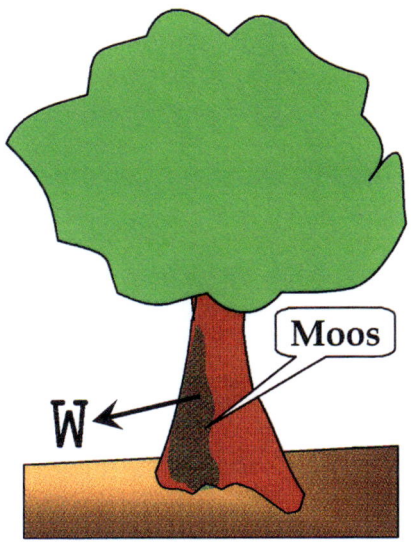

Auch bei Nacht haben wir die Möglichkeit, die Himmelsrichtung festzustellen.
    Hier haben wir die Sternengruppe „Großer Bär, kleiner Bär und Nordstern". Mit diesen Sternbildern können wir Norden feststellen.

a. Wir verbinden die beiden Sterne **1** und **2**, welche die Rückseite am großen Bär ausmachen mit einer gedachten Linie und verlängern diese 5-mal nach oben, also in Richtung **2**

auf der Zeichnung weiter, dann stoßen wir auf den Polar-
stern, der immer im Norden steht.

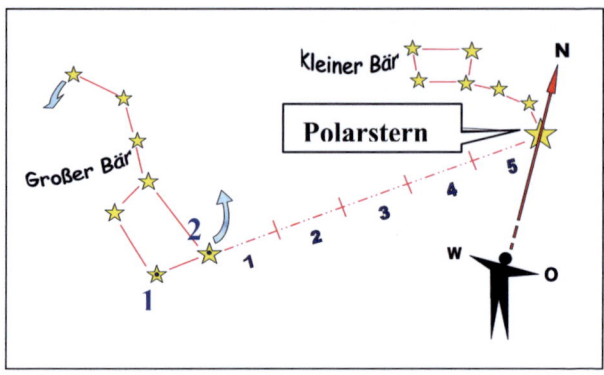

Es gibt noch eine weitere Möglichkeit, bei Nacht die Himmelsrichtung festzustellen. Allerdings wird sie nicht genau sein, da
wir teilweise auf schätzen angewiesen sind.

Orientieren nach dem Mond.

a. Bei **zunehmendem** Mond zeigt die runde Seite nach **rechts,**
bei **abnehmendem** Mond nach **links.**
b. Jetzt teilen wir den Mond geistig in 12 / 12 (Zähler / Nen-
ner) ein. Das heißt, bei Halbmond haben wir 6 / 12 u.s.w..
c. Nun schauen wir auf die Uhr. Am besten warten wir halbe
oder ganze Stunden ab.
d. Bei abnehmendem Mond zählen wir nun die geschätzten
zwölftel (Zähler) zu der Uhrzeit dazu, bei zunehmendem
Mond ziehen wir sie ab.
e. Bei der jetzt errechneten Zeit haben wir die Zeit, zu der am
Tage die Sonne stehen würde.
f. Nun verfahren wir nach der Richtungsbestimmung mit der
Digitaluhr ab Punkt d. oder der Analoguhr ab Punkt c..

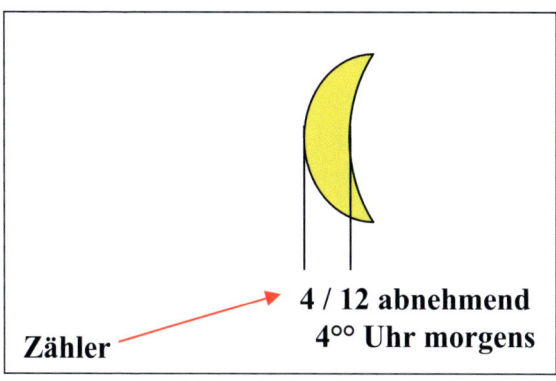

Zähler → **4 / 12 abnehmend**
4°° Uhr morgens

Beispiel.

a. Es ist 4°° Uhr morgens. Der Mond hat 4/12 abnehmend. 4°° Uhr plus 4 Stunden ist 8°° Uhr morgens.
b. Die 8 (bei Tag der kleine Zeiger) zeigt auf den Mond, bei Tag würde dort die Sonne stehen. Nun verfahren wir weiter wie auf Seite 65 u. 66 beschrieben.

Dies ist keine genaue Richtungsangabe, da wir das Mondvolumen nur schätzen können.

Der improvisierte Kompass.

Sollten wir zufällig eine dicke Nadel bei uns haben (Frauen haben das oft in ihrer Handtasche), machen wir uns einen

Provisorischen Kompass.

a. Wir füllen unseren selbst gebrannten Tontopf oder sonst ein Behältnis mit großer Öffnung mit Wasser.
b. Jetzt suchen wir uns einen dünnen Grashalm etwas länger als die Nadel und legen ihn bereit.

c. Nun brauchen wir ein Stück Seiden- od. Kunstfaserstoff (z.B. einen Schaal oder eine Socke) und streichen die Nadel mehrere Male kräftig in **einer Richtung** am Stoff entlang. Dadurch wird die Nadel magnetisch.

d. Die nun so magnetisierte Nadel legen wir auf den Grashalm und das Ganze wie ein Boot in's Wasser. Sie wird sich nun, da sie wie eine Kompassnadel wirkt, mit dem Halm in Nord – Süd Richtung drehen.

Improvisierter Kompass

Beh. mit Wasser, Grashalm,   *improvisierter Kompass*
Nadel u. Nylonsocke

Uhrzeit feststellen mit Kompass.

Unsere Uhr ist kaputt oder sie ist stehen geblieben. Die Uhrzeit aber ist wichtig um in Notsituationen Entscheidungen zu treffen. Es gibt verschiedene Möglichkeiten, die Uhrzeit festzustellen. Sie wird nicht genau stimmen, aber genau genug, um eine Hilfe zu sein.

Haben wir einen Kompass, gehen wir folgendermaßen vor.

a. Wir richten den Kompass genau nach Norden aus.
b. Nun legen wir einen geraden Halm auf dem Kompass von der Achsmitte in Richtung Sonne.
c. Jetzt lesen wir die Grad-Zahl unter dem Halm ab und dividieren ihn durch 15. Nun haben wir die Stundenzahl.

Uhrzeit feststellen ohne Kompass.

a. Wir suchen uns einen freistehenden Baum und können an der Moosbeschichtung am Stamm Westen feststellen.
b. Nun legen wir einen Stock im 90° Winkel Richtung Norden und einen in Richtung Sonne.
c. Jetzt schätzen wir den Winkel nach rechts zwischen Norden und Sonne und dividieren ihn durch 15. Wir haben die Stundenzahl.

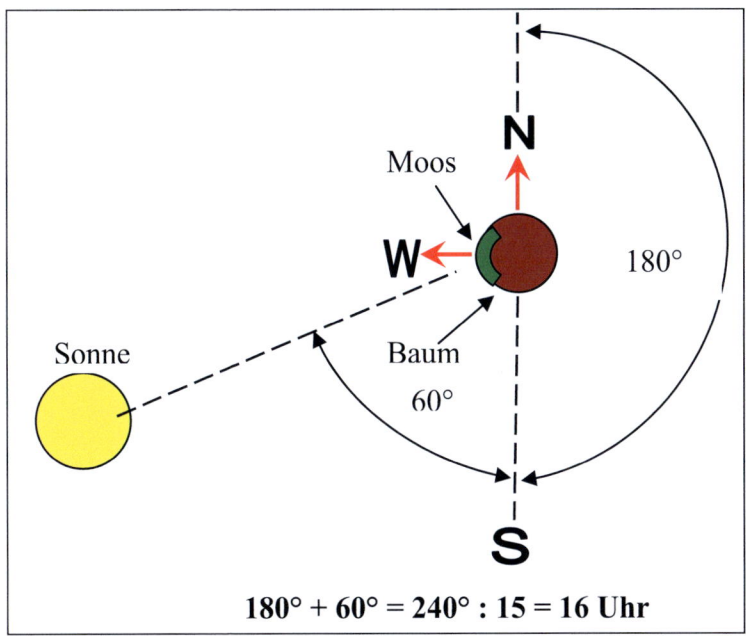

$$180° + 60° = 240° : 15 = 16 \text{ Uhr}$$

X. Marschrichtung festlegen und einhalten, Menschen auf mich aufmerksam machen.

Wir haben Uhrzeit und Himmelsrichtungen. Jetzt müssen wir entscheiden, in welche Richtung wir sinnvoller Weise gehen. Haben wir Karte und Kompass oder auch nur eine Karte, ist dies kein Problem. Wir norden die Karte ein.

Einnorden mit Kompass.

a. Die Karte legen wir auf den Boden an einer möglichst ebenen Stelle. Norden ist immer oben bei Landkarten.
b. Hat die Karte keine Gitternetzlinien, legen wir nun den Kompass mit der Seitenkante genau an die Randlinie der Karte, die von unten nach oben verläuft.
c. Nun drehen wir die Karte so lange, bis die Kompassnadel auf Nord zeigt. Nun stimmt die Karte mit dem Gelände überein.

Einnorden ohne Kompass, 1. Methode.

a. Wir haben Norden durch eines der Hilfsmittel „Himmelsrichtung feststellen" festgelegt und durch z.B. einen liegenden Stock gekennzeichnet.
b. Nun legen wir die Karte so, dass der Seitenrand parallel zur Linie verläuft. Die Karte stimmt mit dem Gelände überein.

Einnorden ohne Kompass, 2. Methode.

a. Wir suchen uns einen erhöhten Platz im Gelände, von welchem wir in irgendeine Richtung einen Überblick haben.

b. Nun suchen wir im Gelände links und rechts je zwei markante Punkte, die jeweils in Verlängerung hintereinander liegen.

c. Jetzt suchen wir diese Punkte auf der Karte und legen die Karte so, dass die beiden gedachten Verbindungslinien der linken und der rechten Punkte mit denen auf der Karte übereinstimmen. Die Karte ist eingenordet. Sollten sie noch versetzt sein, korrigieren wir unseren Standort vorwärts, rückwärts oder seitlich so lange, bis sie übereinstimmen.

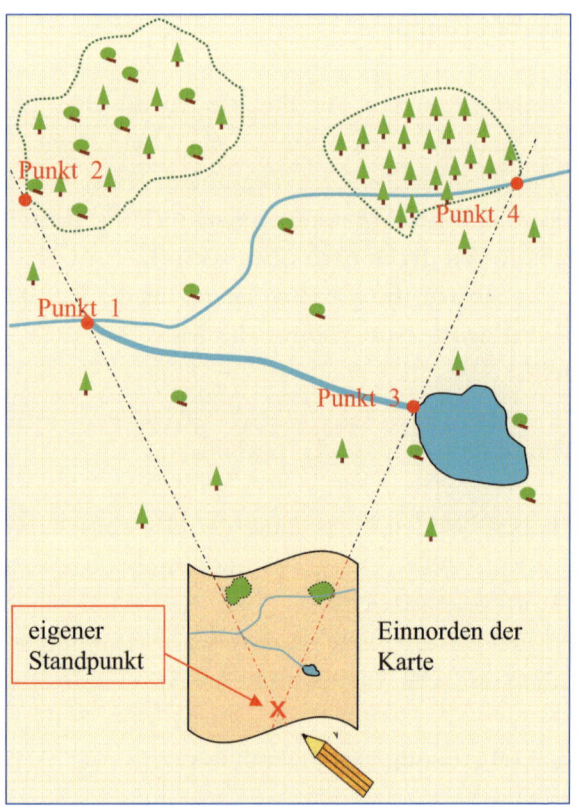

Wenn die Linien so günstig verlaufen, wie im Bild, was oft der Fall ist, haben wir auch gleichzeitig unseren eigenen Standpunkt dort, wo die Linien sich auf der Karte kreuzen. Soviel nun zum Einnorden einer Karte.

Aber auch, wenn wir keinen Kompass und keine Karte haben, jedoch durch Hilfsmittel die Himmelsrichtungen bestimmt haben, müssen wir nun entscheiden, welche Marschrichtung einzuschlagen ist und wir müssen in der Lage sein, diese Marschrichtung über eine längere, vielleicht unübersichtliche Strecke einzuhalten. Hierzu hält die Natur wieder Hilfsmittel bereit.

Ohne Karte und Kompass Richtung halten.

a. Zunächst legen wir die Richtung fest, in die wir gehen wollen. Als Beispiel hier Süd-West.
b. Jetzt fertigen wir uns aus einer kleinen Astgabel ein V-Visier.
c. Nun strecken wir den Arm mit dem Visier in der Hand genau in Richtung Süd-West. Wir blicken durch das V-Visier und suchen in der Ferne einen markanten Punkt.
d. Wir müssen jetzt beurteilen, ob dieser Punkt auch dann noch sichtbar ist, wenn das Gelände abfällt. Sollte z.B. ein Waldstück dazwischen sein, wissen wir, dass nach dem Umrunden des Waldes der Punkt wieder sichtbar ist.
e. Haben wir den Punkt erreicht, legen wir die Richtung wieder fest (siehe „Orientieren im Gelände") und das Ganze wiederholt sich.
f. Sollte einmal kein markanter Punkt sichtbar sein, geht eine Person vor, notfalls von der zurückbleibenden Person immer wieder in der Richtung korrigiert, und bildet den markanten Punkt.

Wenn wir während des Marsches irgendwo in der Ferne, egal in welcher Richtung, eine Hochspannungsleitung sehen, gehen wir zu ihr hin, um ihr dann, egal in welcher Richtung, entlang zu gehen. Wir werden auf Menschen stoßen.

Stoßen wir auf einen Fluss, gehen wir ihm entlang. Bei kleineren Bächen in Fließrichtung, bei größeren egal. Wir stoßen auf Menschen.

Menschen auf uns aufmerksam machen.

Nicht immer ist es möglich, weiter zu gehen. Das kann eine entsprechende Verletzung sein. Das kann Hochwasser sein. Das kann eine Gerölllawine sein und vieles mehr.
Nun sind wir darauf angewiesen, Hilfe von außen zu bekommen.

Egal, ob wir schon gesucht oder noch gar nicht vermisst werden. **Wir müssen Menschen auf uns aufmerksam machen.**

Hier ein paar Tipps, wie wir auch ohne aufwändige Hilfsmittel auf uns aufmerksam machen.

- Wir halten Umschau nach einer erhöhten, möglichst freien Fläche. Von dort aus sind Feuer am besten sichtbar.
- Wir entzünden drei Leuchtfeuer in einem gleichmäßigen Dreieck, jeder Pilot erkennt es als Hilferuf.
- Bei Tag sollen die Feuer viel Rauch entwickeln.
- Bei Nacht müssen sie möglichst hell und hoch brennen.
- Wir legen auf freier Fläche farbige Kleidung aus.
- Soweit möglich, klettern wir auf einen erhabenen Baum und befestigen einen Stock mit einem farbigen (möglichst roten) Kleidungsstück.
- In regelmäßigen Abständen rufen wir, so laut es geht, um Hilfe.

- Bei niedrig fliegenden Flugzeugen (meistens Sportpiloten oder Hubschrauber) geben wir Winkzeichen mit auffälligen Kleidungsstücken. **Achtung:** Ein Pilot sieht nicht senkrecht nach unten, also früh genug anfangen.

Sollte ich weitergehen, muss ich vorher folgendes bedenken.

- Hab ich einen Verletzten, kann ich ihn zurück lassen?
- Lässt es die Wetterlage zu?
- Lässt es das Gelände zu?
- Welche Gefahrenquellen können beim Weitergehen auf mich zukommen?
- Bin ich allein oder zu mehreren Personen?

Habe ich diese Fragen beantwortet und mich zum Weitergehen entschieden, beachte ich folgende Punkte:

- Bin ich allen, kennzeichne ich den Ort, an dem ich in Not geraten bin, mit einem großen, auffälligen Pfeil aus Steinen, Erde o.ä. in meine Gehrichtung.
- Den Weg, den ich gehe, kennzeichne ich so auffällig, dass ein Rettungstrupp mich verfolgen kann.
- Lasse ich einen Verletzten zurück, kennzeichne ich den Ort so auffällig wie möglich.
- Auch unterwegs mache ich durch regelmäßiges Rufen und durch winken auf mich aufmerksam.

XI. Erste Hilfe

Wenn wir gezwungen sind, einen oder mehrere Tage in der Natur zu überleben, liegt das meistens daran, dass wir uns verlaufen haben oder dass sich jemand verletzt hat. Deshalb müssen wir uns mit den wichtigsten Kenntnissen in „Erste Hilfe" befassen.

Hier die wichtigsten Grundregeln:

- Bewahre Ruhe, überwinde erst den eigenen Schreck.
- Hilf, aber denk erst, bevor Du handelst.
- Verändere die Lage des Verletzten erst, wenn Klarheit über die Art der Verletzung besteht und welche Maßnahmen zu ergreifen sind.
- Halte folgende Reihenfolge ein: Zuerst schwere Blutungen, dann Schock. Andere Verletzungen kommen danach.
- Lagere den Verletzten bequem und flach, außer bei Schock.
- Halte den Verletzten warm, löse beengende Kleidung.
- Schütze ihn vor Wind und Nässe.
- Flöße dem Verletzten schluckweise Flüssigkeit ein, außer bei Bewusstlosigkeit.
- Musst Du den Verletzten alleine lassen, kennzeichne die Stelle deutlich und auffällig.

Lagerung eines Verletzten.

Jeder hat`s mal gelernt, aber wie ging das doch gleich wieder? Hier die beiden wichtigsten Lagerungen.

Die stabile Seitenlage.

Durch die **Stabile Seitenlage** wird sichergestellt, dass die Atemwege freigehalten werden und Erbrochenes, Blut u.s.w. ablaufen kann. Der Mund des Betroffenen wird zum tiefsten Punkt des Körpers. Der Betroffene wird so vor dem Ersticken bewahrt.

a. Knie Dich seitlich neben den Betroffenen und strecke seine Beine. Lege den nahen Arm des Betroffenen angewinkelt nach oben mit der Handfläche nach oben zeigend.
b. Greife den fernen Arm am Handgelenk. Winkle den Arm auf der Brust nach oben und lege die Handfläche an seine Wange. Lass die Hand nicht los.
c. Greife zum fernen Oberschenkel des Betroffenen und beuge sein Bein.
d. Ziehe ihn am gegriffenen Oberschenkel zu Dir herüber. Richte das oben liegende Bein so aus, dass der Oberschenkel im rechten Winkel zur Hüfte liegt.
e. Strecke seinen Hals durch zurücklegen des Kopfes. Die Atemwege werden frei. Öffne leicht seinen Mund. Die an der Wange liegende Hand richte so aus, dass der Hals überstreckt bleibt.
f. Achte darauf, dass der Mund des Betroffenen der tiefste Punkt des Körpers bleibt.

Der Schock.

Der Schock ist oft eine Todesursache bei Verletzten. Er entsteht durch das Versagen der normalen Körperfunktionen, besonders bei hohem Blutverlust. Deshalb sollte man ihn möglichst früh erkennen und bekämpfen.

Die wichtigsten Symptome eines Schocks.

- Bleiche bis fahlgraue Gesichtsfarbe.
- Feuchtkalte Haut, Stirnschweiß, frösteln.
- Puls erst normal, (60 – 80 Schläge / min.), beschleunigt
- (teilweise bis über 120 Schläge / min.) und wird dann schwach bis kaum fühlbar.
- Erst Unruhe, dann Bewusstseinstrübung, abwesender Blick, Apathie.

Vorgehensweise bei Schock.

a. Blutung, wenn vorhanden, stillen.
b. Lege den Betroffenen flach mit dem Rücken auf den Boden.
c. Lagere die Beine des Betroffenen schräg nach oben ca. 40 cm, nicht höher als 50 cm. Unterlege die Beine unter dem Knie mit weichem Material.
d. Öffne beengende Kleidungsstücke. Vermeide Bewegungen des Betroffenen möglichst.
e. Lindere seine Schmerzen. Bei Knochenbrüchen schienen (siehe „Knochenbrüche").
f. Halte den Betroffenen warm, wärme ihn aber nicht an.

Nicht angewandt werden darf die Schocklage bei Bewusstlosigkeit, bei Kopfverletzungen, bei Brüchen an Wirbelsäule oder Becken, bei Bauch- od. Brustverletzungen und Unterkühlung. Bei Fuß- od. Beinbrüchen vorher schienen.

Die häufigsten Verletzungen.

Die häufigsten Verletzungen bei Wanderungen sind

a. Knochenbrüche
b. Fleischwunden, Kopfverletzungen.
c. Zerrungen
d. Bänderrisse

Knochenbrüche.

Geschlossene Knochenbrüche sind unblutig, wir erkennen sie durch Schwellungen, Schmerz oder der unnatürlichen Lage des Gliedes.

Offene Knochenbrüche sind blutig, da sich der gebrochene Knochen durch die Haut nach außen gebohrt hat.

Vorgehensweise geschlossener Beinbruch.

a. Die Bruchstelle nicht verändern oder bewegen. Wenn nötig, Schockbekämpfung. (Siehe Kapitel Schock). Bruchstelle kühlen mit nassen Tüchern, feuchtem Moos o. ä..
b. Wenn vom Gelände her möglich, Beine und Füße locker zusammen binden. Den Verletzten vorsichtig rückwärts ziehen, bis die Beine gestreckt sind. Nicht rollen oder drehen.
c. Bruchstelle nicht verändern. Den Verletzten bequem lagern.
d. Enge Kleidung an der gebrochenen Stelle öffnen.
e. Das gebrochene Bein über Kleidung und Schuhwerk schienen.

Hierzu bereiten wir folgendes vor.

Zwei stabile, möglichst gerade Äste mit Länge vom Fußende bis Schritthöhe. Bei Oberschenkelbrüchen bis Achselhöhe, bei Fußgelenksbruch bis zum Knie. Polstermaterial wie Kleidungsstücke, Decken, Gras, Moos, Laub o. ä.. Bindematerial, z. B. Streifen vom Hemd, Efeutriebe, Brombeertriebe von den Stacheln befreit, Schuhbänder, Gürtel o. ä..

Das Schienen.

Die Schienen (Äste) werden gepolstert und das Polstermaterial befestigt. Die Schienen werden beidseitig am Bein längs gelegt. Die Bruchstelle **nicht** verändern. Hohlräume zwischen Schiene und Bruchstelle werden ausgepolstert. Das Bindematerial wird mit einem dünnen Stock unter dem verletzten Glied und den Schienen hindurchgeschoben. Schienen mehrfach mit dem Bindematerial am Bein festbinden, so, dass die Bruchenden sich nicht mehr bewegen können. (Siehe Bild).

Schienmaterial: Windjacke, 2 Stöcke, Moos, Seegras, Hemdärmel und Gürtel.

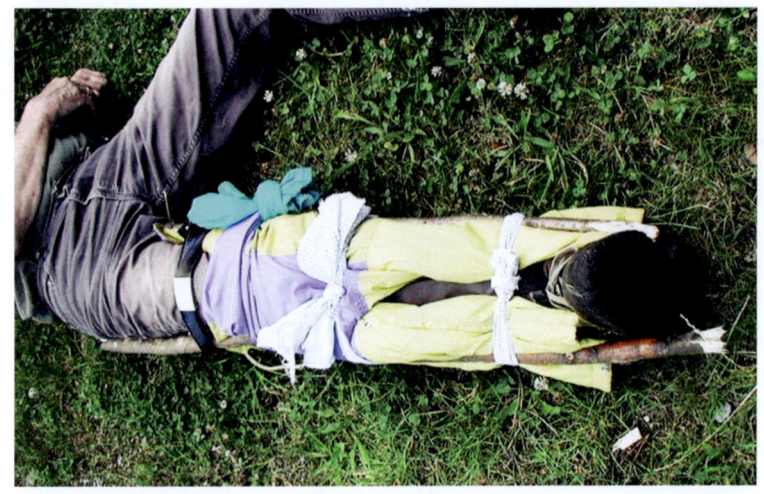

Geschientes Bein

Achtung: Bei Fußgelenksbruch den Schuh nicht entfernen, nur öffnen, notfalls aufschneiden. Die Schienen müssen bis zum Knie gehen.

2. Vorgehensweise offener Beinbruch.

a. Bruchstelle nicht verändern oder bewegen.
b. Wunde niemals berühren.
c. Fremdkörper nicht entfernen.
d. Wunde, wenn möglich, keimfrei abdecken, ansonsten offen lassen.
e. Überprüfung auf Schock. (Siehe Kapitel Schock).
f. Das gebrochene Bein so auspolstern und schienen (siehe geschlossener Bruch), dass die Lage des Gliedes nicht verändert wird. Immer die Polsterung dem gebrochenen Glied anpassen, nie umgekehrt.
g. Den Verletzten durch unterschieben von Polstern bequem lagern.

Arm.-Schlüsselbein.- Hand.- u. Fingerbruch.

Oberarm.- u. Schlüsselbeinbruch.

a. Bruchstelle nicht verändern oder bewegen.
b. Armbänder, Uhr und Ringe entfernen.
c. Ein Armtragetuch anfertigen und den Unterarm einlegen. Ansonsten bruchseitigen Hemdzipfel aus der Hose ziehen, den gebrochenen Arm aus dem Ärmel nehmen (aufschneiden), Ärmel über den Rücken und die gegenüberliegende Schulter nach vorne nehmen und an den Hemdzipfel binden.
d. Arm durch festbinden um den Körper fixieren.

Unterarm – u. Fingerbruch.

a. Bruchstelle nicht verändern oder bewegen.
b. Bruch von den Fingerspitzen bis zum Ellbogen schienen.
c. Arm in eine Schlinge legen.

Armbruch in der Dreieckstuch – Schlinge. Aus dem Rückenteil eines Hemdes.

Fleischwunden, Kopfverletzungen.

Durch einen Sturz können wir uns sehr schnell eine schmerzhafte und blutende Fleischwunde zuziehen, die uns, besonders im Unterleibs.- u. Beinbereich, am Weitergehen hindert.

Vorgehensweise bei Fleischwunden.
Die schwach blutende Wunde.

a. Verwundeten entsprechend der Wunde bequem lagern.
b. Die Wunde auf keinen Fall auswaschen oder reinigen. Infektionsgefahr.
c. Sollten wir keimfreies Verbandsmaterial dabei haben, verbinden wir die Wunde, wenn nicht, offen lassen.

Die stark blutende Wunde.

a. Nicht auswaschen oder reinigen.
b. Druckverband anlegen. Hierzu nehmen wir mangels Verbandsmaterial aus einem Hemd gerissene Streifen o.ä.. Als Druckpolster eine zusammengerollte Socke o.ä..
c. Den Verletzten auf Schockzustand überprüfen. (Siehe Kapitel Schock).
d. Den Verletzten der Wunde entsprechend bequem lagern. Auf keinen Fall darf der Verletzte weitergehen.

Vorgehensweise bei Kopfverletzungen.

Eine Kopfverletzung kann immer in Verbindung stehen mit einer Gehirnerschütterung u./od. Schädelknochenverletzung.

a. Nicht auswaschen oder reinigen, Infektionsgefahr.
b. Schwach blutende Wunde nicht verbinden. Bei stark

blutenden Wunden Druckverband anlegen. (Siehe Fleischwunden).

c. Den Verletzten auf Schockzustand überprüfen. (Siehe
Kapitel Schock).

d. Den Verletzten bequem liegend lagern.

Anfertigen u. anlegen eines Dreieckstuches.

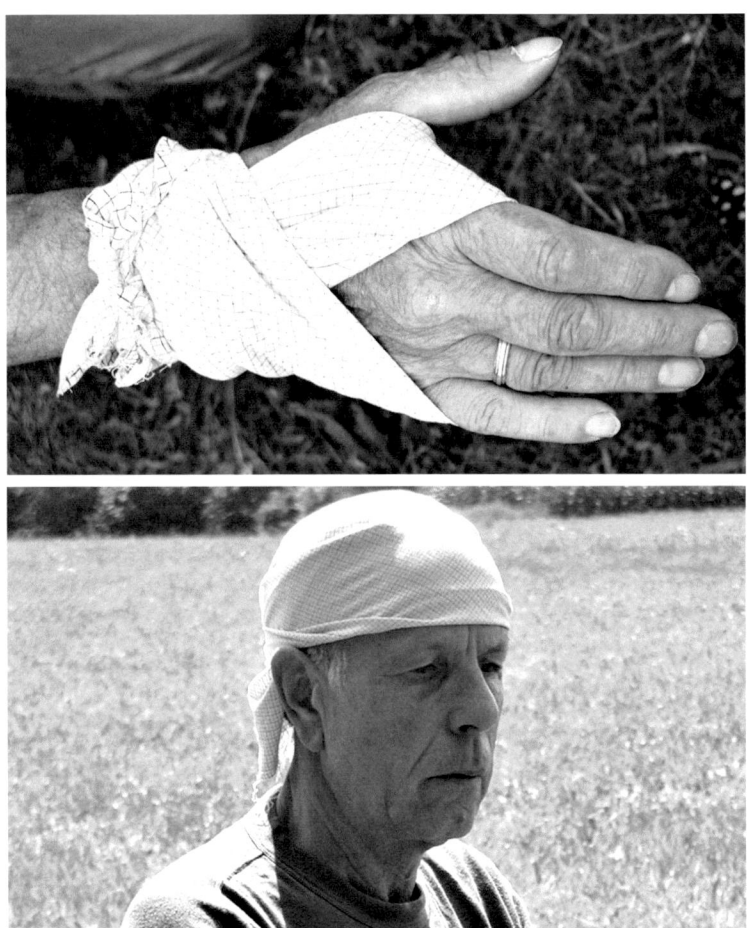

Handverletzung und Kopfverband mit Dreieckstuch

Aus dem Rückenteil des Hemdes lässt sich leicht ein Viereektuch fertigen, welches, einmal diagonal gefaltet, bei vielen Verletzungen als Dreieckstuch Verwendung findet. Siehe Bilder.

Der Bänderriss.

Dies passiert sehr oft: Ein Ast, ein Stein und schon knickt das Sprunggelenk ab. Wir wissen nicht, ist es ein Bänderriss, eine Bänderzerrung oder ein Muskelfaserriss. Die Erstbehandlung ist die gleiche.

Vorgehensweise in allen drei Fällen.

a. Die betroffene Stelle sofort ruhig stellen.
b. Wenn möglich, verletzte Stelle sofort kühlen. Vielleicht ist ein Bach in der Nähe oder man gräbt im Wald mit einem Stock ein ca. 20 cm. tiefes Loch und entnimmt kühle Erde. Es vermindert die Blutergussbildung und Schwellung.
c. Verletztes Glied hoch legen, das vermindert die Blutzufuhr.
d. Druckverband anlegen (siehe Fleischwunde), um das Glied ruhig zu stellen. Den Verband, wenn möglich, 2 – 3 Std. mit Wasser kühlen.
e. Verletzten bequem legen.

Anfertigen von Krücken.

Aus geeigneten Ästen fertigt man sich leicht eine provisorische Krücke an.

Wir suchen einen stabilen Ast, der lang genug ist und zwei an der gleichen Seite heraus wachsende Gabelungen hat, deren Abstand nicht ganz die Länge von der Achselhöhle zur Handfläche hat. Man kürzt die Gabelungen entsprechend, schon hat man eine Krücke. Eine weitere Möglichkeit ist, einen Ast mit gleichmäßiger Gabelung zu suchen. Die Gabelung wird in Achselhöhe gekreuzt und so festgebunden. Nun befestigen wir in Handflächenhöhe quer einen Ast mit Stoffstreifen, Schuhbändern, Windjackenkordel o.ä.. Nun wird die Achselgabelung etwas gepolstert, die Krücke ist fertig. Siehe Bilder.

Der Ast   Die Krücke   Der Ast   Die Krücke

Erste Hilfe bei Hitzeschäden.

Häufig kommt es vor, dass man z.B. durch Windeinwirkung die Kraft der Sonneneinstrahlung unterschätzt und sich einen Hitzeschaden zuzieht.

Die Hitzeerschöpfung

erkennen wir an sehr bleicher Gesichtsfarbe, Schwäche, Übelkeit, Erbrechen, u. U. Hitzekrämpfe oder Kreislaufversagen bis hin zur Bewusstlosigkeit.

Vorgehensweise.

a. Im Schatten flach lagern.
b. Beengende Kleidung lösen.
c. Wenn noch ansprechbar, reichlich zu trinken geben, wenn vorhanden, mit Kochsalzzusatz (1 TL. Auf 1 L).
d. Bewusstlose auf der Seite lagern (stabile Seitenlage), schnellstmöglich Hilfe holen.

Der Hitzschlag.

Wir erkennen ihn an hochroter, trockener, sehr heißer Haut, stark erhöhter Körpertemperatur, wirrem Zustand oder gar Bewusstlosigkeit.

Vorgehensweise.

a. Möglichst schon vor der Bewusstlosigkeit mit erhöhtem Kopf im Schatten lagern.
b. Kleidung entfernen, wenn möglich, mit Wasser begießen, sonst mit kühler Erde bedecken (ständig wechseln).
c. Ständig kühle Luft zufächeln, solange die Haut rot ist.
d. Bei Atemstillstand künstlich beatmen.
e. Schnellstmöglich Hilfe holen.

Erste Hilfe bei Kälteschäden.

Erfrierungen erkennen wir daran, dass die betroffenen Körperstellen weiß oder graubläulich verfärbt sind und steif werden. Erst prickeln diese Stellen, dann beginnen sie zu schmerzen. Später werden sie taub und gefühllos. Leicht erfrorene Stellen schmerzen in warmer Umgebung bald sehr heftig. Schwere Erfrierungen bleiben auch in der Wärme zunächst gefühllos.

Vorgehensweise.

a. In leichten Fällen den Körper durch kräftige Bewegungen erwärmen.
b. In schweren Fällen durch Lagerung an einer nicht überwärmten Stelle, z.B. Windschutz mit Wärmefeuer.
c. Erfrorene Körperteile halten wir unbedeckt und halten sie etwas unterkühlt. Alle Erfrierungen müssen baldmöglichst in ärztliche Behandlung.

Noch ein paar Tipp`s.

Frisch abgeschälte Eichenrinde von jungen Ästen mit der Innenseite auf die Wunde gelegt, fördert durch den hohen Gerbsäuregehalt die Wundheilung. Erst überzeugen, ob die Rinde gesund ist und frei von Ungeziefer.
   Den Saft von Breitwegerichblättern, zwischen den Handflächen gerieben, reibt man auf Hornissen.- Wespen. u. Bienenstiche. Er hemmt die Schwellung, den Schmerz und den Juckreiz durch sein natürliches Antibiotika.

Der Breitwegerich

Spitzwegerich gereinigt, zerstampft und der Brei als Umschlag verwendet, hat eine heilende Wirkung bei Prellungen, Stauchungen und Zerrungen. (Bild siehe Kapitel „Essbare Pflanzen").

Der **Rainfarn** und der **Wurmfarn,** ein in Wäldern, Waldrändern und Lichtungen weit verbreiteter wilder Farn, auf das Lager des Verletzten gelegt, schützt ihn vor Ungeziefer wie Flöhe, Läuse oder Zecken. (Bilder siehe Kapitel „Die Unterkunft").

XII. Grundausrüstung für jede Wanderung

Folgende Gegenstände sollten immer „am Mann" sein.

Mehrzweck – Taschenmesser.

Es sollte eine gute, stabile Klinge haben. Die zusätzlichen Werkzeuge können eine Hilfe sein.

Der Kompass.

Er ist ein sehr wichtiger Ausrüstungsgegenstand und muss deshalb sicher aufbewahrt werden. Achte darauf, dass die Nadel in einem Flüssigbett liegt. Eine Seite des Kompanten sollte als Lineal zu gebrauchen sein.

Eine Landkarte.

Am besten geeignet ist eine Wanderkarte 1 : 50 000 . Sie sollte nach allen Richtungen mehrere Kilometer über den Bereich hinausgehen, in welchem Du wandern willst, Du könntest Dich verlaufen. Halte sie immer trocken und ordentlich gefaltet, so, dass das Gebiet, in dem Du Dich aufhältst, oben gezeigt wird.

Eine Feldflasche.

Eine Feldflasche, Plastikflasche oder sonstigen verschließbaren Behälter sollten wir immer mitführen. Das mitgeführte Getränk (nie Alkohol) sollte immer mindestens das 1,5 – fache dessen sein, als für die geplante Marschzeit erforderlich wäre. Eine Feldflasche aus Aluminium mit Filzumhüllung ist besonders geeignet. Sie isoliert wesentlich besser als Plastikbehältnisse und im Notfall ist sie auch als Kochbehälter geeignet.

Ein Messer mit feststehender Klinge.

Es kann nie verkehrt sein. Aber achte darauf, dass es stabil ist. Es muss, um stärkeres Holz zu schneiden, auch einen Schlag mit einem Stein auf den Messerrücken vertragen. Trage es nie offen, es gibt Länder, in denen solche Messer nicht offen getragen werden dürfen.

Eine Analog-Armbanduhr.

Wie im Kapitel „Orientieren im Gelände" bereits festgestellt, ist eine Uhr mit analoger Anzeige besser geeignet, um die Himmelsrichtung festzustellen. Natürlich ist eine digitale Uhr ebenfalls brauchbar.

All dies wiegt zusammen gerade mal ca. 500 gr. + Flascheninhalt.

Diese Ausrüstung sollte immer im Gepäck sein.

Egal, ob wir eine 2-Stunden Wanderung oder eine ausgedehnte Tagestour vorhaben. Eine Grundausrüstung sollten wir immer dabei haben. Sie braucht wenig Platz, wiegt sehr wenig und kann in eine kleine **Aluminiumbox** (im Notfall als Kochtopf verwendbar) verpackt in jeder Wandertasche verstaut werden.

Im Folgenden habe ich alles (zum Teil mit Bild) aufgezählt, was wir immer dabei haben sollten.

Im Wanderrucksack oder der Wandertasche.

Ca. 50 Gramm Salz pro Person.

Wie bereits im Kapitel „Wasser finden und aufbereiten" kann Salz absolut lebensnotwendig werden. Es braucht nur sehr wenig Platz und wiegt nur 50 Gramm. Achte darauf, dass es wasserfest verpackt ist.

Ein stabiler Plastiksack.

Im Notfall ist er vielseitig verwendbar. Z.B. Wasser transportieren oder Wasser aus Pflanzen gewinnen. Natürlich ist er bei einer Wanderung auch sehr praktisch, wenn man interessante Steine, Pflanzen oder Holzstücke sammelt. Auch bei einer Rast als Sitzunterlage bei feuchtem Boden ist er nicht ungeschickt.

Wasserentkeimungstabletten.

97

Es gibt verschiedene Fabrikate, man bekommt sie in Outdoor-geschäften, in Geschäften für Campingartikel und Geschäften für Wander.- u. Bergsport. Lies die Gebrauchsanleitung genau durch und achte auf das Verfalldatum.

Ein Feuerzeug oder Streichhölzer.

Wir ersparen uns das Feuerbohren. Auch wenn Du Nichtraucher bist, sollte es dabei sein.

Sturmstreichhölzer oder Sturmfeuerzeug.

Bei stärkerem Wind sind wir froh, es zu haben. Achte darauf, ob Feuerzeug oder Streichholz, dass alles immer wasserfest verpackt und das Feuerzeug immer frisch mit Gas gefüllt ist.

Die Taschenlampe.

Sie sollte nicht zu groß sein, sonst braucht sie nur unnötig Platz. Gut ist es, wenn sie wasserresistent ist. Vor jeder Wanderung sollten wir sie mit neuen Batterien bestücken.

Die Drahtsäge.

Sie arbeitet zwar nicht schnell, aber kann trotzdem ein sehr nützlicher Helfer sein. Sie braucht nur sehr wenig Platz. Mit einem elastischen Ast können wir eine Bügelsäge daraus machen.

Ein Vergrößerungsglas.

Nicht nur zum Feuer entzünden, wir können auch auf der Landkarte schlecht lesbares besser erkennen. Natürlich kann man damit auch Kleinstpflanzen oder Kleinstlebewesen beobachten. Es sollte eine Schutzhülle haben.

Angelhaken, Angelschnur, Bleigewichte.

Ca. 30 Meter Angelschnur mit 0,35 Millimeter Durchmesser, zwei Allround-Angelhaken Größe 8 und 2 Aal-Haken Größe 6 und zwei Bleigewichte sollten wir ebenfalls mitführen. Als Schwimmer benutzen wir ein Stück Holz, als Angelrute einen elastischen langen Ast. Man weiß nie, ob man`s braucht und es wiegt sehr wenig.

Dünner Draht.

Er hat viele Verwendungsmöglichkeiten. Er sollte gut biegsam, aber kräftig sein. Er lässt sich mehrere male verwenden. Besonders geeignet ist Kranzbindedraht. 5 Meter davon genügen.

Ein Bleistift.

Er ist in vieler Hinsicht unverzichtbar, zum Beispiel für Markierungen in der Karte oder für Wandernotizen. Er sollte stabil sein. Ein Zimmermanns – Bleistift ist gut geeignet.

Ein Handtuch.

Man kann Streifen herausschneiden und diese als Schweißband verwenden. Auch Verbandsmaterial können wir daraus machen, oder wir verwenden breite Streifen davon zum Abbinden einer stark blutenden Wunde. Man kann es auch als Waschlappen verwenden, um sich abzukühlen u. v. m. .

Nadeln und Zwirn.

Zwei oder mehr stabile Nähnadeln mit großem Öhr und genügend starken, wasserfesten Zwirn. Feuchtigkeitsgeschützt verpackt.

Sicherheitsnadeln.

Mehrere Sicherheitsnadeln verschiedener Größe. Sie finden Verwendung zum Flicken zerrissener Kleidung, zur Schlafsackreparatur u.v.m..

Eine Schnur

Ca. 10 m stabile Schnur ersparen uns im Notfall viel Mühe und Arbeit. Perlon.- od. Nylonschnur ist besonders geeignet. Sie ist sehr reißfest und Feuchtigkeit macht ihr nichts aus.

Alle diese Utensilien wiegen zusammen nicht mehr als 400 gr.

Erste Hilfe Notausrüstung.

Ein weiteres, noch kleineres und viel leichteres Päckchen ist die **„Erste Hilfe Notausrüstung".**
   Sie sollte unbedingt bei jeder Wanderung, und sei es nur eine 2-Stunden Wanderung auf ausgeschilderten Wegen, dabei sein.

Als Minimum sollte mitgeführt werden.

• Eine elastische Binde
• Eine Mullbinde 4 m x 8 cm
• Zwei Mullbinden 4 m x 6 cm
• Ein Dreieckstuch DIN 13 168 D
• Eine Flasche Jod (60 ml)
• Genügend Wundpflaster
• Eine Rettungsschutzdecke

Bleibt zu hoffen, dass Du es nie brauchst, wenn doch und Du hast es nicht dabei, kann dies Leben kosten.

XIII. Ein paar wichtige Regeln und Tipps

Die Unterkunft.

- Wähle für Deine Unterkunft möglichst die Kuppe eines Hügels oder einen sanft nach NO bis SO geneigten, trockenen Hang.
- In der Nähe sollte möglichst Wasser sein.
- Rücke die Unterkunft nicht zu nah an Fließgewässer, da sie sonst bei Hochwasser gefährdet wird.
- Stelle Deine Unterkunft möglichst nicht in den Hochwald (Blitz- u. Windbruchgefahr), sondern suche dafür den Jungwald.

Das Feuer.

- Das Feuer soll niemals größer sein, als es für Deine Zwecke erforderlich ist.
- Behüte das Feuer, besonders in der trockenen Jahreszeit. Mache es immer auf Steinen oder auf der nackten Erde.
- Verlasse niemals für länger oder ganz Deinen Lagerplatz, ohne dass die letzte Glut von Dir gelöscht ist.

Fischfang.

- Trete vorsichtig ans Ufer, denn Fische sind gegen Erschütterungen sehr empfindlich.
- Achte darauf, dass Dein Schatten nie auf's Wasser fällt, wenn dieses klar ist. Fische erschrecken dadurch.
- Im Morgengrauen, der Abenddämmerung und des Nachts ist die Zeit des Fischers.
- Esse nie gefrorene Lebensmittel, immer vorher auftauen.

Das Wasser.

- Schöpfe nie Wasser aus einem brackig stinkenden Teich oder wenn in der Nähe ein verendetes Tier liegt.
- Wasser in Behältnissen muss immer abgedeckt sein (z.B. mit Rinde od. einem Stück Stoff) und sollte nie dem direkten Sonnenlicht ausgesetzt werden.
- Regenwasser müssen wir nur aufbereiten (filtern u. abkochen), wenn es mehr als 2 Tage alt ist.
- Getränke müssen vor Frost geschützt werden, da die Behälter sonst platzen können.

Das Wetter.

- Flimmernde Sterne zeigen an, dass auf noch klares Wetter in Kürze trübes, mit Regen – bzw. Regenfällen folgt.
- Große, weiße Ringe um Sonne od. Mond zeigen kommendes trübes, niederschlagreiches Wetter an.
- Ziehen schnelle Federwolken auf, ist Schnee od. Regen zu erwarten.
- Ziehen gleichzeitig Lämmerwolken, Federwolken und Haufenwolken auf, steht ein Wettersturz unmittelbar bevor.
- Schnell wachsende, sich hoch auftürmende Haufenwolken zeigen Gewitter und eventuell Hagel an.

Nachwort

Dieses Buch soll, wie schon eingangs erwähnt, nicht für den Profi sein, sondern für den Laien, der ohne es zu wollen in der Natur in eine Notsituation gerät. Es enthält nur das allernotwendigste, was man als Laie bei einem Aufenthalt von mehreren Stunden bis ca. 3 Tage zum Überleben in der Natur braucht.

Alles, was ich in diesem Buch beschrieben habe, ist ohne technische Hilfsmittel machbar. Alle Darstellungen auf den Fotos wurden von mir für dieses Buch gefertigt. Du wirst mit dem Einen oder Anderen anfangs sicher noch Probleme haben. Mit etwas Übung wirst Du aber bald Erfolge erzielen.

Wir haben beim Überlebenstraining 60% unserer Wachzeit (das waren ca. 9 Stunden) kalkuliert, um einen stabilen Wetterschutz zu bauen, Wasser zu finden und trinkbar zu machen, Feuer zu entzünden, Nahrungsmittel zu finden und zu kochen und uns zu orientieren. Du siehst also, es braucht Zeit.

Ich kann nur zwei Dinge empfehlen. Probier` alles aus, was ich beschrieben habe und übe es, bis Du es kannst. Es kann z.B. bei einem Familienausflug als schöne Abwechslung eingeflochten werden. Das macht allen Spaß.

Weiterhin sollte jeder die „Grundausrüstungsliste" in diesem Buch ernst nehmen. Beim Lesen des Buches spätestens wird Dir klar, wie wichtig und hilfreich diese kleine Ausrüstung ist. Sie erspart uns im „Ernstfall" viel Zeit und Mühe.

Ich wünsche jedem, dass er nie in eine Notsituation kommt.

Vielleicht ist dieses Buch ja auch für den einen oder anderen die Basis, sich intensiver mit Survival, also dem Leben mit und in der Natur zu beschäftigen. Dies würde mich freuen.

Der Autor